唤醒学习力

让**孩子成绩稳步提升**的
45个能力训练法

方颖 / 著

U0649528

中国铁道出版社有限公司
CHINA RAILWAY PUBLISHING HOUSE CO., LTD.

前言

　　这是一本介绍学习方法的书，书中介绍了通过"唤醒"深藏在学习背后的隐性学习力，即表象系统、空间表征、完形能力、镜像系统来提高学习效果的45个科学训练法。这些方法除了可以帮助孩子提升观察力、专注力、记忆力等抽象学习能力外，还可以提升孩子的阅读、写作、审题等具体学习能力。

　　作为本书作者，我很担心自己会"沦落"为一名工具人——就是不断强化自己的知识和技能，以达成某种目的的人。

　　学习本应该是在生存和安全需求得到保障后的自由求索，是个体与自然和社会的对话。如果单纯地在符号世界里起承转合，再高明的诗人，也写不出打动人心的诗歌。同样，如果把学习对标于某个单一目的，无论这一目的是提高考试成绩，还是培养聪明的孩子，或者是提高自己的授课能力，都同样会远离学习的本质，掌握再多的方法，或许也体会不到知识本身带给我们的乐趣。

读到这里，你也许会问："既然这样，那你为什么还要写这本书呢？"因为科学的方法不仅可以提升学习效果，而且还能帮你领悟到知识的本质或精髓。

确实，我也曾迷恋过"更高、更快、更强"，也在二十年的孜孜以求中结识了许多高明的教育者，并学习了他们巧妙的学习方法。这本书里介绍的方法，是我在许许多多孩子身上亲身实践并确认有效的。

例如，"声音画面记忆法"用于记单词，可以在一个小时之内，让记单词最多不超过五个的初三学生，成功记住一单元的单词。

再如"空间表征练习"，它可以让二年级十位"学习困难户"，一个月之内，数学从不及格跃升到九十分以上。

更不要说"情绪沙漏法"，它让我可以更清晰地觉察自己的情绪及背后的需要，从而及时调整状态，顺利完成本书的创作。

读到这里，你也许会说："照你这么说，这本书是武林秘籍啊，有了它便可以天下无敌。"确实，书里的方法很有效。与市面上常见的方法相比，它们更加精准和细致。

说起学习，我们通常会想到"听说读写"，也可能会想到"预习、复习、整理、巩固"，还可能会想到"认真听讲、及时提问、按时完成作业、整理错题"……

所有这些都是可见的学习，行为和结果都是我们肉眼可以看见的，也就容易被我们注意到。然而，可见的学习背后，是不可见的认知过程。从不可知的认知过程中科学分析总结出隐藏在其中的方法，这一点至关重要，通过激活隐性学习力来提升学习效果便是这样产生的。

孩子生活的时空里，充满了数不清的声音、画面、感受，这些都是孩子主动或者被动接收到的信息，而在孩子学习的时空里，只需要其中的一部分。对于这些信息，我们的大脑如何选择和呈现，才能让学习所需要的信息更鲜明、更完整、更容易被大脑所理解？所选择和呈现的信息，在大脑中又如何拼接、整合，才能获得学科学习特有的思维规律？这些信息又以什么样的形式呈现和表达，才能达成学科学习的预期目标？

孩子在教室里听和看，再加上想和写，就能够学会那么多复杂的知识，解出各种题目，难道不很神奇吗？在善于学习和学习困难的孩子身上，到底发生了什么不一样的"化学反应"，才会导致同一教室、同一学习起点的孩子，走向不同的学习终点？

这本书将为你解答这些疑问，让你看到隐藏在大脑里、身体里的学习过程。

看到了，了解了，才能懂得——懂得孩子的不容易。

练习了，坚持了，才会惊叹——惊叹孩子天生的智慧。

是的，孩子天生的智慧。

我曾经辅导过这样一个孩子，父母是高知，孩子上六年级，数学、英语和语文成绩都一般。父母认为语文要靠平时积累、辅导了也没有用，所以没有管过语文学科的学习。为了提高孩子的数学和英语成绩，父母两人一个辅导数学、一个辅导英语，可奇怪的是，孩子的数学和英语成绩却越来越差，而语文却慢慢进步了。更让父母恼火的是，孩子开始半夜偷偷玩手机游戏，并且撒谎。孩子同父母的关系与数学和英语成绩一样，也越来越差。

结果，我只辅导了一次，就发现了问题所在。辅导中，孩子说起自己记忆单词、课文的方法和调节考试情绪的方法，赫然就是本书中的"声音画面记忆法"和"积极场景想象法"。孩子自己在学习过程中，边用边琢磨，无师自通，进而语文成绩慢慢进步。而英语和数学之所以退步，是因为父母在显性学习行为上的过度用力破坏了孩子天生的学习智慧。殊不知，很多时候，孩子之所以表现得"慢吞吞"，其实是因为他一直在不断地试验、反馈和调整，直到学习过程的每一环节都顺畅为止。

学习是自己的工夫，再好的方法，也需要自己实践。这本书里的方法，适用于所有"运气"不好的孩子。因为种种原因，这些孩子天生的学习智慧被破坏，天生的学习情感被伤害，不管他们是小学生，还是中学生，都可以从书中得到启发。

学习是自己的工夫，再好的方法，也需要自己坚持。拿到这本书的你，不管是父母，或是教师，都需要自己先学习和坚持一段时间，真正在日常学习中可以自如地使用了，再教给孩子。

这本书写于 2020 年疫情期间，完成比较顺利。之所以这么顺利，是因为 2019 年我和"柠檬心理"在线上开设了一年的家长课程，期间积累了系统的讲稿和丰富的案例反馈。这本书更早要追溯到 2018 年，我在线下开展学困生团体辅导实验，和孩子、家长在一起工作了半年，让我充分感受到了隐性学习能力的激活对学生学习能力提升的神奇效果。

最后，我要感谢易谷老师，他是国内将 NLP 与教育整合的第一人。有幸在 2018 年夏天认识他，并追随学习至今，让我可以在追求学习秘籍的同时，保持人的自由，没有异化为工具人。

感谢你的阅读，祝你幸福。

作　者

2021 年 5 月

目 录

PART 1
我的孩子怎么了？

辅导机构

天天上辅导班成绩还上不去，原来是隐性学习力在作怪。

捣蛋鬼竟然成了
小学霸，关键是
调整学习风格。

第一章
幕后操盘手：
隐性学习能力

情景一：一岁的乐乐看着妈妈，憋了半天，憋出一句"妈妈"。妈妈幸福地笑起来，宝宝会说话啦。

情景二：两岁的乐乐看着妈妈拎着购物袋走了进来，摇摇晃晃地走到妈妈身边，对妈妈说："妈妈，宝宝要吃。"妈妈幸福地笑起来，"小机灵鬼，你怎么知道妈妈买好吃的了？"

情景三：十岁的乐乐坐在书桌前背诵英语，"妈妈，这个单词我会背，但写不出来。"妈妈皱起了眉头，"刚教的怎么就忘了？"

情景四：十三岁的乐乐和妈妈一起被请到班主任办公室，面对班主任的批评，妈妈叹了口气："我们一直都很重视他的学习，补课从没间断过，可就是学不好，到底哪里出了问题？"

1.1　从天生就会到补课也不会，孩子哪里出了问题

大多数孩子在三岁前就学会了说话、学会了走路、学会了察言观色，机灵得像个"小人精"，怎么上学之后，上课老师教，回家父母教，周末还有辅导机构的老师教，反而越来越学不会了呢？

到底哪里出问题了？这涉及对学习本质的思考。

如果把学习过程看成一棵树的话，最表层体现了孩子对知识的

掌握情况。根据知识类型的不同，可以将其分为陈述性知识、程序性知识和策略性知识。陈述性知识就是我们常说的"知识点"，包括数理化学科的概念定理，文史学科的历史事实、经典名篇，语言学科的词汇语法等。程序性知识一般指用来解决问题的思路和方法。策略性知识则是对自己行为进行反思与提升的一类知识。比如，一个孩子考试丢分，我们给孩子分析原因：完全不会做，这属于陈述性知识缺失；会做但当时想不起来，这属于程序性知识不熟练；考试时紧张，导致大脑一片空白，这属于策略性知识差。

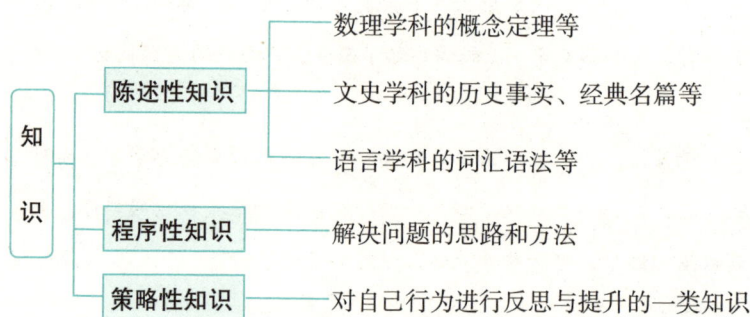

```
                        ┌─── 数理学科的概念定理等
            ┌─ 陈述性知识 ─┼─── 文史学科的历史事实、经典名篇等
            │             └─── 语言学科的词汇语法等
知识 ───────┼─ 程序性知识 ───── 解决问题的思路和方法
            │
            └─ 策略性知识 ───── 对自己行为进行反思与提升的一类知识
```

当我们发现孩子考试成绩不理想，不是这儿出错就是那儿出错后，多半会选择给孩子补课，找学科老师提升学科学习能力，或者自己给孩子辅导。但效果如何？很多孩子补课后，成绩还是一般，甚至越补越差。这时候，有的家长可能就会后悔，后悔在孩子小的时候自己没上心，孩子的记忆力、观察力、思维力没培养好，导致现在即使天天补课成绩也很难上去。同时，也有很多孩子，虽然从小就被送去早教班培养，但在幼儿园，有的甚至进入小学之后，还是被发现在学习能力、人际交往、情感管理方面存在明显的问题。这又

是为什么呢？因为很多人对学习本质的认识还不够深，记忆力、观察力、思维力等只是显性学习能力，深藏其后的还有隐性学习能力，隐性学习能力才是决定学习效果好坏的关键因素。

隐性学习能力包括表象系统、空间表征、完形能力和镜像系统。本书后面会为大家——做详细介绍。和显性能力相比，隐性学习能力隐藏在日常学习细节中，它们很难被发现，而这些能力的缺失会让补课毫无效果。隐性学习能力是孩子天生就有的能力，但在成长过程中，因为各种原因未被充分激活，从而影响了显性学习能力的提升，进而影响了学科学习。

同时，孩子身处的环境、身体的状态、学习时的专注度、对学习的信念和学习的反馈，它们是影响孩子学习的动力因素。

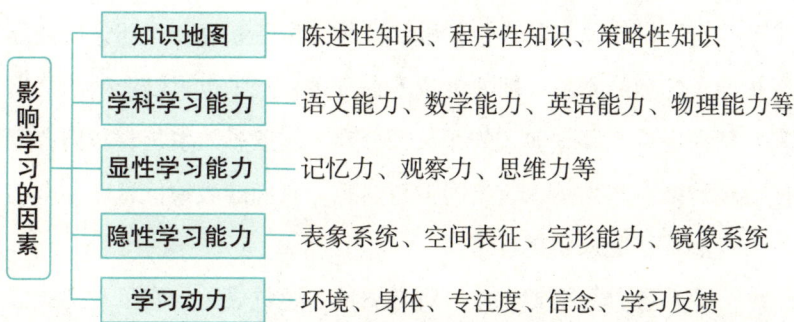

影响学习的因素		
知识地图	陈述性知识、程序性知识、策略性知识
学科学习能力	语文能力、数学能力、英语能力、物理能力等
显性学习能力	记忆力、观察力、思维力等
隐性学习能力	表象系统、空间表征、完形能力、镜像系统
学习动力	环境、身体、专注度、信念、学习反馈

从天生就会到补课也不会，根本问题在于隐性能力激活不充分，学习动力被压抑。

1.2 表象系统，从外部世界到内部思维的通道

当一个事物不在我们身边时，通过回忆，它的样子仍然可以出

现在我们眼前，这种能力就是表象能力。表象是回忆和想象得以发生的前提，表象系统是一项重要的隐性学习能力，表象系统是否充分被激活，决定着学习效果的好坏。

孩子一经出生便和世界发生"链接"，他的所有感觉器官全部打开，不断接收外界信息，并在脑海里将其储存为表象，然后分类、整合，最终抽象形成思维。

作为父母，我们都知道孩子在三个月左右就能够辨认出他的主要照顾者，也就是俗称的"认生"。如果孩子大部分时间都由母亲来照顾，那么当看到母亲或者听到母亲的声音时，孩子便会主动寻找母亲。除此之外，孩子入睡时还特别喜欢闻母亲的气味，若换了不熟悉的人，就算睡着了，也可能会醒来。这些都说明孩子的脑海里已经有了母亲的印象，包括她的外貌、声音和气味，还包括被母亲抚摸、怀抱的感觉。即使母亲不在身边，孩子也可以清晰回忆出来，从而把母亲和其他人的印象区分开。越熟悉的事物，我们会记忆得越清晰、越生动，这是因为越熟悉，我们的表象信息储存得越多，自然回忆起来就越容易。

表象系统分为视觉表象、听觉表象和感觉表象，它负责把我们看到、听到、感受到的信息储存在大脑里，方便提取和组合。

表象信息的提取就是回忆，即把见过的事物回想出来。表象信息的组合就是想象，即把信息拆分后重新组合形成新的表象。例如在脑海中将猴子和人重新组合，便会形成孙悟空这一新形象。

孩子在上小学前，便会用表象系统来学习。认识不同的物品、不同的人，说话唱歌，走路舞蹈，绘画书法……所有这些无一不是通过表象系统来进行学习的。在没有老师的情况下，所有这些孩子都可以学得很好。

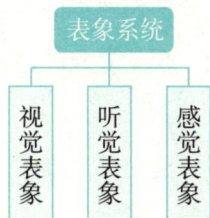

从小学开始，孩子正式进入学校学习，有了规范的课本、场所、老师和同学。学校学习和小学前的自然学习，最大区别在于学校学习有了文字符号——拼音、汉字、英语字母、数学符号等，它们对孩子表象系统激活的程度要求更高。就拿识字来说，会读、会认、会写，就需要同时激活听觉、视觉、感觉三种表象。除读、写、认之外，孩子还需要知道这个字的意思。例如"牛"，脑海里需要有牛的样子，才算真正认识它了。与小学前的自然学习相比，这种学习多了一个从符号到画面的转换过程，它属于视觉表象的高级功能。

利用表象系统学习汉字"牛"

再说计算吧，很多孩子在草稿上计算是对的，但抄在作业本上时，就会抄错，也就是所谓的粗心。其实这和视觉表象稳定性有关。当孩子的目光离开草稿、转向作业本的时候，计算结果是以视觉表象的形式储存在脑海中的。视觉表象越稳定，越不容易出现上面的问题。

表象系统是从外部世界到内部思维的通道，如果它没有被充分激活，孩子在学习上就会困难重重。

1.3 隐性学习能力，孩子天生会学习的能力

有些孩子隐性学习能力被充分激活，在家长和老师的培养下，显性学习能力也发展得很好。有些孩子隐性学习能力一直没激活或激活不充分，结果越学越累，越补课越差。

你可能会担心：我的孩子有隐性学习能力吗？激活情况如何？放心！隐性学习能力是每个人生而有之的能力，它是孩子最基础的学习能力。如果你的孩子从出生开始能跟其他孩子一样学会走路，学会说话，能正常感受到他人的情绪，那么你就要相信孩子有隐性学习能力！隐性学习能力的激活是有关键期的，对于小学而言，三四年级前激活对学习的帮助是最大的。如果过了关键期激活还不充分，就需要专门的辅助训练了。

隐性学习能力一共包含四种，第一种是表象系统，上节内容已经介绍过，其余三种分别是完形能力、空间表征、镜像系统。

```
              ┌─────────────┐
              │  隐性学习能力  │
              └──────┬──────┘
        ┌──────┬──────┼──────┬──────┐
     ┌──┴──┐ ┌─┴──┐ ┌─┴──┐ ┌─┴──┐
     │表象 │ │完形│ │空间│ │镜像│
     │系统 │ │能力│ │表征│ │系统│
     └─────┘ └────┘ └────┘ └────┘
```

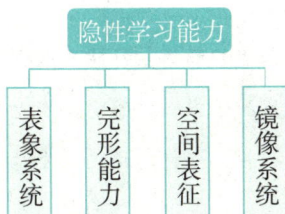

完形能力是通过局部间的关系或联系将事物完整呈现的能力。孩子如果在看图写话、串起文章线索等方面感觉比较困难，就说明他完形能力比较差。

空间表征是具体事物到抽象知识之间的一座"桥梁"。空间表征如果没有被激活，孩子的抽象能力就会比较差。

镜像系统包括动作镜像、语言镜像和知识镜像三部分，镜像系统最重要的一个作用就是模仿和感同身受，人之所以能够学会说话、学会认识别人的情绪，正是因为有镜像系统。

那隐性学习能力和孩子的学习到底有怎样的关系呢？让我们走进语文课堂来体会一下。

案例　**激活隐性学习能力，才能学到"真正"的语文**

《背影》是朱自清先生的名篇，它用平实典雅的语言展现了父子情深这一主题。文章的结构也非常经典，详略得当、中心突出。可是，我去教室听课的时候，发现老师讲得情真意切，孩子们却嘻嘻哈哈。有的孩子还私下议论：这爸爸也太搞笑了，那么胖还去爬月台买橘子，还这么啰唆……

这么经典的文章，孩子们为什么会如此"麻木"？之所以出现这种情况，有可能与孩子的隐性学习能力没有完全被激活有关。那老师如何来讲才能激发孩子内心的感受，才能真正让孩子理解作者要表达的意思？更进一步，如何讲语文，才能让孩子学到"真正"的语文呢？

第一步：看清楚文字。这一步是基础，孩子是否能够看清楚文字，这与视觉表象（属于表象系统）有密切关系。

具体来讲，就是孩子看完后能想起来看了什么。有的孩子看一眼漏两行，这一步都很难做到，就更别提后续步骤了。这时就需要对孩子进行视觉表象激活方面的训练，相关训练方法在第四章会有详细介绍。

第二步：理解文字。这种理解是建立在画面和感受基础上的，它与语言镜像（属于镜像系统）有关。

具体来讲，就是孩子对于文字描述的人物、事件、场景能产生画面感。在画面中，他看到了父亲穿着黑色的大褂子，带着黑色的帽子，穿着青色的背心，身体有点胖，用力往上攀去买橘子。这样，孩子通过画面对课文中父亲的形象印象加深了。

通过文字描述，孩子不仅产生了画面感，而且还能感受到画面中人物的感受。父亲身材矮胖，走路缓慢，吃力攀爬去买橘子，通过这一系列描写，孩子能够感受到父亲的辛苦。

到了这一步，文字确实给我们一些感觉和片段了，但还是模糊的，那如何让上面这种感觉清晰起来，这时就需要再次激活视觉表象。通俗讲，就是要将这一系列画面像放电影一样"放"出来。父亲黑衣黑帽、胖乎乎的样子，爬月台的样子，橘子买回来嘱咐我的样子，还有我流泪、不忍的样子，所有这一系列画面像放电影一样来回切换。这样，"背影"就突出了，对于文章的主要感受，孩子们体会也更深刻了。

第三步：串联文字并理清顺序。从祖母去世奔丧开始，车站送别，再到现在收到父亲的信，知道父亲病了，将这四件事串联起来，整个文章的脉络就清晰了。

为什么对父亲送自己上学这件事朱自清感受如此深？因为父亲失业了，而且祖母刚刚去世，自己又要到北京去上学，所有这些事情叠加在一起，使作者心里平添了几分伤感。朱自清在写这篇文章时已经两年没见过父亲了，收到父亲的信，得知父亲病了，此时内心对父亲的挂念让他回忆起了上一次与父亲分别时的背影。

所有这些事件被一一理顺之后，孩子就有了情感的体验。为什么爸爸会费劲为作者买橘子？因为爸爸爱作者。为什么作者会把这么一件小事记录下来？因为他看到了父亲的爱。这里用完形能力和空间表征把事情串联了起来。你也可以理解为时间线，孩子把文章的时间线理出来了，并且有了情感的体验。

只有这些通了，后面给孩子讲文章的情

感表达、写作手法时，孩子才会有感觉、有体会，学习才会从隐性能力阶段过渡到显性能力阶段。如果上面这些步骤孩子都没有做到，老师直接告诉孩子这是爱的背影，那么孩子是很难感受得到的。

在这之后，就可以做一些专业延伸了。比如当时的历史环境、社会背景是什么样的，还有哪些作品同样表达了父母对子女的爱等。这样下来，一节课就可以上得非常高级。

对于老师课堂上讲的内容，并非所有内容学生都能够理解并吸收。只有隐性学习能力充分激活后，学生才能够进入到显性阶段的学习，才能真正体会到文章要表达的情感，才能更好地进行语文专业方面的学习，才能有自己的生命成长。

对《背影》的学习过程小结

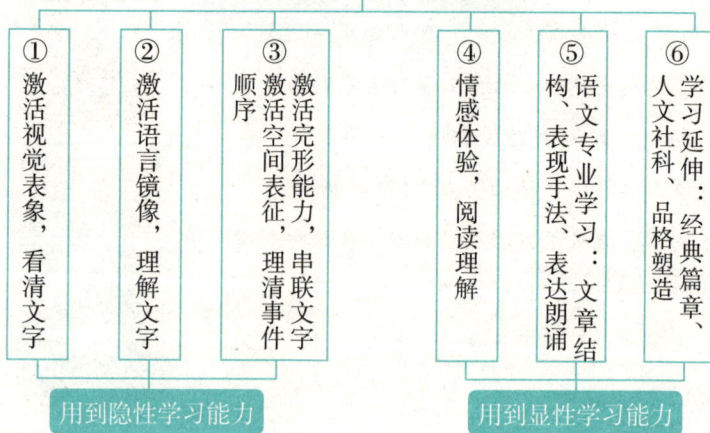

① 激活视觉表象，看清文字

② 激活语言镜像，理解文字

③ 激活空间表征，串联文字顺序，理清事件

④ 情感体验，阅读理解

⑤ 语文专业学习：文章结构、表现手法、表达朗诵

⑥ 学习延伸：经典篇章、人文社科、品格塑造

用到隐性学习能力

用到显性学习能力

上图是对《背影》学习过程的小结，前三步属于隐性学习能力部分，后三步属于显性学习能力部分，同时也体现了老师的教学能力。大部分老师对隐性学习能力缺乏了解，上课时会直接忽略，直接进入显性学习阶段，这样就会出现案例中"老师情真意切，学生麻木不仁"的现象。那么，如何评估孩子的隐性学习能力水平？如何激活隐性学习能力？我们会在后面章节为大家做详细介绍。

第二章
学习效率天生有高低——
原来是表象系统在作怪

　　"方老师，我们班有个孩子可能患有异食癖，你给看看需不需要送到儿童医院去治疗。"电话里传来一（2）班班主任急切的声音，"他上课会突然跑到讲台前面来，叫他也没反应。下课就在操场上疯玩，有时候还捡地上的东西吃。平时和他讲话，他也不看你，手里还一直拿着东西玩，像没听到一样……"

　　常常听老师说起学生疑似"多动症"，说学生有"异食癖"的还是头一个，会是真的吗？带着好奇和关切，我和班主任约好第二天上午第一节课去班里观察孩子，顺便向家长了解情况。正巧，第二天早上孩子迟到了，我在教室门前站了几分钟，家长才带着孩子匆匆赶到。孩子低着头，紧紧拉着妈妈的手，看起来挺安静的样子。

　　快到教室门口时，妈妈停住了脚步，蹲下身子小声对孩子说："你赶紧进教室吧，都上课了。"孩子突然紧紧抱住妈妈，头蹭在妈妈肩膀上，不停地左右摇动。妈妈抱了抱孩子，说："放学后妈妈来接你，快进去吧。"孩子放开妈妈，指着自己的右胳膊说："疼。"妈妈轻声说："已经好了，没关系的，进教室吧。"孩子还是低着头，指着胳膊，重复着"疼"。妈妈有点不知所措了，说道："快进教室吧，迟到这么久，老师要批评了。"

　　见状，我走到孩子面前，蹲下身子，摸了摸他的右胳膊，问道："这里疼吗？"孩子点点头。妈妈看到我，有几分惊喜，"您是方老师吧，他昨天和小朋友玩，被小朋友打了一下，没什么事，可他就是一直说疼，和他说了不要紧，也不听。"我朝妈妈点点头，继续抚摸孩子的胳膊，"还疼吗？"孩子摇摇头。"哦，不疼了，那你走到前面那个门，喊'报告'，老师让你进去，你再进教室哦。"
我笑着对孩子说。"子轩，听方老师的，赶紧进教室。"话还没说
完，孩子就跑到前门，喊报告进了教室，又从后门跑了出来，还顺
手从地上捡起一张卡片放在口袋里。

　　班主任也跟着走了出来，不高兴地说："你看，孩子就是这样
上课乱跑，还爱捡地上的东西吃。"妈妈赶紧解释："他捡地上的
东西是玩的，不会吃的，我们带他出去，他也会捡。"妈妈从口袋
里拉出了孩子的手，果然卡片在小手里攥着呢。

　　我让班主任进教室继续上课，我来和孩子沟通。

　　孩子一直低着头，好像没有任何反应。我蹲到他面前，"子轩，
我们玩个游戏吧。我们比赛转动眼珠，看谁转得快，好不好？"孩
子抬头看了看我。我赶紧逆时针转动眼珠，"就像这样，我转了一
圈了，你也转一圈吧。"说完后，我仔细观察孩子的眼珠转动情况，
果然和预料中的一样——孩子的眼珠分别向左中、右中方向转动特
别困难，左上方也很困难。

　　"子轩，转得很好哦。游戏结束了，现在走到前门，喊报告，
老师说'进来'，你就坐到自己的座位上，拿出语文书，按照老师
的要求做。我说清楚了吗？"我拍拍孩子的胳膊，孩子点点头。"那
就赶紧去喊'报告'吧！"妈妈催促着。孩子走向前门喊了"报告"
进了教室开始听课。

　　"方老师，您真是心理专家啊。"孩子妈妈有点激动，"老师
说子轩有问题，您觉得他有问题吗？""从刚才的表现看，我觉得

子轩属于操作型学习风格，而且很典型。他在家是不是喜欢动手操作和运动类的游戏，不喜欢看书、读书？"我做了初步判断，等待妈妈给我更多信息。"是这样的，他读书一定要走来走去，看书写作业也是动个不停，在家没有一刻安静。但他特别喜欢剪纸，我做事的时候，给他一把剪刀、几张纸，他能玩儿一两个小时。他还喜欢捏彩泥、搭积木。他爸爸带他玩滑板也是一学就会。"妈妈说的和我想的完全吻合。"别着急，学习风格是可以调整的，你按照我教你的训练方法，每天带孩子练习，坚持一个月，孩子应该会有非常大的变化……"

一个月后，子轩妈妈兴冲冲地来找我："方老师，您的方法真神奇啊，子轩进步非常大，他上课可以坐得住，背课文也快了。"学期结束，子轩妈妈给我发了老师给孩子的期末寄语："子轩同学，老师惊喜地看到，通过努力，你改掉了好动、懒散的习惯，在学习上取得了显著的进步，已经是一个小学霸了，真棒！"

如何来识别孩子的学习风格呢？不同学习风格各自会有什么特点？应该注意什么？如何帮助不同学习风格的孩子更好地去学习和生活？这是本章我们要探讨的几个问题。

2.1　学习风格的分类及影响

我们已经知道，对孩子来说，表象系统是非常重要的一种隐性学习能力，表象系统根据对应的感觉器官的不同，可分为视觉表象、听觉表象和感觉表象三种。在成长过程中，每个人因激活类别和程度不同，从而形成了不同的学习风格，分别是视觉型学习风格、听觉型学习风格和操作型学习风格，还有一部分人表象系统全部被激活，形成了综合型学习风格。

2.1.1　学习风格的分类

视觉型风格的孩子，偏爱通过视觉表象系统获取和加工信息，通俗讲，是用"看"的方式学习，喜欢阅读。在他阅读文字时，很容易转换成画面，所以理解和记忆能力强。在学校，学习内容多以文字、图片呈现，所以视觉型学习风格的孩子在学校的学习相对会比较轻松。

听觉型风格的孩子，偏好用听觉表象系统获取和加工信息，喜欢听讲和背诵。

第三类是操作型风格的孩子，他们偏好用感觉系统获取和加工信息，喜欢用动手做的方式去学习。前面案例中的子轩就属于操作型学习风格。

如果三种表象系统全部被激活，那么这种风格为综合型学习风格。所有的学习通道都畅通无阻，接收信息和处理信息非常快，学习起来就非常轻松。

大部分成年人都属于综合型学习风格，但不会特别平均，或多或少有些倾向。如果视觉、听觉、感觉每一项满分均为 100 分，某人三项分值分别为视觉 70 分，听觉 90 分，感觉 80 分，这三个类型都达到了及格线，所以此人属于综合型学习风格，而三项分值中听觉达到了 90 分，所以综合型基础上更偏向于听觉型。

如果一个孩子三项分值分别为视觉 60 分，听觉 30 分，感觉 40 分，那么他属于视觉型学习风格，需要激活听觉、感觉，往综合型方向发展。

2.1.2　视觉型风格对学习的影响

视觉型的孩子喜欢读图，喜欢看书，也很容易发现书写的错误。比如，你跟他说话的时候说错了一个字，他可能听不出来。但写作文的时候，对于错别字，他很快就会发现。所以他不容易写错别字，并且书写会比较整洁，他会注意视觉上的美观。同时他也擅长察言观色，很容易讨老师喜欢。

但是视觉型的孩子有一个很明显的弱点，就是容易被丰富的画面所吸引，从而导致开小差。

现在的课本做得都非常精美，插图很多，老师上课时也会用到各种视频和图片，视觉型的孩子很容易被图片所吸引，进而忽略老师的讲解。如果你发现孩子在家看电视，你叫他吃饭叫了好几遍都没反应，那你的孩子很可能属于视觉型学习风格，他们是因为对声音不敏感，所以没有答应你，并非故意不理你。

视觉型学习风格的孩子，可能还害怕口头表达和背诵，因为口头表达和背诵都需要用到听觉表象。

2.1.3　听觉型风格对学习的影响

听觉型的孩子一般都很安静、很听话。听觉型的孩子听觉表象激活得很充分，他能分辨细微的声音，不喜欢很吵闹的环境，所以他自己也很安静，而且上课时，他们能够非常清楚地听到老师的讲解，非常专心。

但他们也是让老师和家长很纳闷的孩子。老师和家长不明白，为什么孩子可以读一遍就会背的课文，却不知道课文是什么意思？这是因为，他听到的声音只是单纯的声音，他根本想象不出来声音对应的画面，所以真正理解不了声音背后的意思。比如我说"一只鸟"，如果是视觉型的孩子，他听到这个声音后，脑中会出现一只鸟的样子。而听觉型的孩子，他脑中却只有"一只鸟"这三个字的声音。这就如同你听到自己不懂的外语，只知道人家说了一堆话，但具体讲什么你根本不明白。

正因为不能把声音转化成画面，所以才会导致会背不会理解、会说不会写。

这类孩子他们可以把一件事情说出来，但写下来却比较困难。除此之外，他们也容易出现抄写错误，也就是我们平时所说的低级错误。还有一个典型特点，就是考试时不会做的题目，回家后自己读一读，读出声音就会了。很多孩子到了三四年级成绩下降，也是因为没人给读题了，自己看不懂题目而导致。

以上就是听觉型学习风格对学习的影响。

2.1.4 操作型风格对学习的影响

操作型学习风格的孩子是被误解最多的孩子，也是最难适应目前学校生活的孩子。学校里的学习内容主要是以视觉信息和听觉信息来呈现的，比如课本、课件、试卷、作业，它们都属于视觉信息，而教师的讲解则属于听觉信息。

操作型风格的孩子，他们更偏好通过感觉表象获取信息，比如在阅读课文时，他们很难把注意力全部集中在阅读内容上，而是对座椅的软硬、周围声音的大小、教室的温度等非常敏感。所以操作型风格的孩子特别容易分心，还好动。我们常说某个孩子爱动，屁股上像长了刺似的，就是因为他感受敏锐，身体部位稍微不舒服他都能感觉到，并且非常强烈，所以才会不停地调整姿势。

很多操作型风格的孩子在低年级的时候，背课文往往需要走来走去或者手上拿个东西把玩，否则就背不出来。到了高年级，知道控制自己了，不动、不玩东西了，但记忆却更加吃力。

操作型风格的孩子还会因为视觉表象激活差，所以在完成抄写任务时，比如抄题目、抄字词时很容易出错，写字也非常慢，而且零乱。同时因为听觉表象激活差，所以学习语言会比较困难，发音容易不准确。

由于不了解学习风格的相关知识，老师和家长对操作型风格的孩子往往存在偏见，误以为孩子不认真、爱做小动作，从而经常批评他们。其实解决问题的关键在于调整学习风格，特别是激活另外两种表象系统，即视觉表象和听觉表象。操作型学习风格的孩子也有他们的优点，比如动手操作能力很强。

要判断孩子到底属于哪一种学习风格，有一种简单方法，那就是观察他们怎么背课文：听觉型风格的孩子背课文的时候喜欢读出声音来背；视觉型风格的孩子喜欢默读；而操作型风格的孩子则喜欢走来走去、边走边背。更精确的判断方法，我们下一节会详细介绍。

2.2 判断孩子的学习风格

判断孩子的学习风格主要有四种方法：第一种方法是看眼珠识风格；第二种方法是答问题识风格；第三种方法是辨词语识风格；第四种方法是看习惯识风格。

2.2.1 看眼珠识风格

我们先来认识第一种方法——看眼珠识风格。这是四种方法中最精确的一个，同时也是对家长观察力要求最高的一个。

我们先来了解一下眼球位置解读图。这是一张面对你的人脸，图中眼球有效的位置一共有六个，分别和六种认知方式有联动关系。这是认知神经科学和脑科学研究的结果。

右上方：构想画面　　左上方：回忆画面
右中方：收听声音　　左中方：回忆声音
右下方：感觉　　左下方：自我确认

眼球位置解读图

具体来讲，首先眼球转向上方左、右两个位置都和画面有关。当眼球转向左上方时代表回忆画面，当眼球转向右上方时代表构想画面。视觉型学习风格的孩子，他在学习时眼珠习惯看左上或右上方，如下图所示。

右上方：构想画面　　　　　　　　　　　左上方：回忆画面

视觉型学习风格：眼珠习惯转向左上方或右上方

对于眼部中间左、右两个位置，左中方代表回忆声音，右中方代表收听声音。听觉型学习风格的孩子眼珠习惯转向左中或右中位置，如下图所示。

右中方：收听声音

左中方：回忆声音

听觉型学习风格：眼珠习惯转向左中方或右中方

最后是下方左、右两个位置。左下方代表自我确认。有的孩子遇到问题总是犹豫不决，没有主见，就是"自我确认"能力弱的表现。这个时候可以让孩子眼珠转向左下方，去找一找这种"自我确认"的感觉。右下方是感觉，如果你正坐在椅子上，那么可以试着去深入感觉一下，椅子对大腿的反向挤压力，当你眼珠转向右下方时，这种感觉会格外清晰。操作型学习风格的孩子，眼珠会习惯转向左下方或右下方，如下图所示。

右下方：感觉
我这么做
对吗？

左下方：自我确认
没错，就是
这样做！

操作型学习风格：眼珠习惯转向左下方或右下方

判断孩子的学习风格还有一个窍门，可以让孩子把眼珠停留在本节所说的六个位置上，各30秒，如果上方左、右位置最舒服，那说明孩子属于视觉型学习风格；如果中间左、右位置比较舒服，那说明孩子属于听觉型学习风格；如果下方左、右位置比较舒服，那说明孩子属于操作型学习风格。

2.2.2 答问题识风格

判断孩子学习风格的第二种方法是答问题识风格。你可以和孩子一起看一部动漫，然后问孩子动漫里有什么，听孩子如何回答。

比如看动漫《黑猫警长》。

如果孩子注意到的是黑猫、飞机等画面，则孩子偏向视觉型学习风格。

如果孩子会不经意地模仿里面的声音，也就是说孩子注意到的是声音，那他就偏向于听觉型学习风格。

如果孩子反馈的是具体的动作或自身的感受，那他就偏向于操作型学习风格。

这种方法也可以延伸到生活中，除了和孩子一起看动画之外，还可以一起听一首歌，或者跟孩子一起到公园去玩一玩，逛一逛超市，在所有这些场景中都可以问孩子上面的问题，让孩子来回答。通过孩子的回答，看看孩子的关注点在哪里，以此来了解孩子的学习风格。

2.2.3　辨词语识风格

我们还可以通过孩子常用的词语类型来了解孩子的学习风格。

视觉型学习风格的孩子特别喜欢用一些描述画面的词语。比如孩子在写作文时，喜欢用描写颜色、形状的词语，还喜欢用"看到""展示"这样体现视觉的词语。

听觉型学习风格的孩子则更擅长描述各种各样的声音，比如他们会熟练并且频繁地使用各类拟声词，或者用"听到""安静"这类和听觉有关的词语。

操作型学习风格的孩子更喜欢用两类词。一类是描述行为的词，比如"爬山""跑步"等。一类是和感觉有关的词，这一类词多半是形容词，比如"寒冷""炎热""烦恼"等。

孩子无意间常用的词语类型体现了他的学习风格。鉴于此，我们可以通过孩子平时说话或写作时的惯用语去判断孩子的学习风格。如果孩子学习风格单一，那么写出来的作文便会程式化，不生动。这时我们可以通过调整孩子的学习风格，让孩子的语言更加丰富、生动，这是一种非常有效的作文训练方法，后面会一一为大家介绍。

2.2.4　看习惯识风格

最后一种方法是看习惯识风格，也就是通过孩子的生活习惯来了解孩子的学习风格。

视觉型学习风格的孩子，他的突出特点便是喜欢视觉画面。如果你的孩子从小便习惯看电视或者看绘本，那他就很容易形成视觉型学习风格。

听觉型学习风格的孩子喜欢安静的环境，他们学歌曲会非常快，喜欢听书而不喜欢看书。

操作型学习风格的孩子特别喜欢动手操作，比如玩橡皮泥、搭积木、参加各种体育项目，他们都很喜欢。

每一种学习风格对学习来说都有好的一面，同时也有不利的一面。孩子在学校的学习主要以接收视觉信息为主，听觉信息为辅，那便可以说视觉表象比听觉表象更重要吗？视觉型学习风格的孩子也许可以一目十行，但却很难准确复述短时音频内容。对于书本上的文字，他们可以反复看，但老师上课讲的话，听错了就错了。因此，视觉、听觉、感觉三种表象都很重要。学校学习的关键在于调整学习风格，强化视觉表象，整合多种其他表象，努力让孩子发展成为综合型学习风格。

2.3　对不同学习风格的建议

学习风格分为视觉型、听觉型和操作型，因为学习风格与父母和孩子互动的方式有关，所以孩子的学习风格一般会和父母的学习风格相似。如果父母是视觉型学习风格，自己本身对画面很感兴趣，那么孩子成长过程中接收到的视觉刺激自然会比其他孩子多，也更容易形成视觉型学习风格。同样，喜欢音乐的父母更容易培养出听觉型学习风格的孩子，而热爱手工制作的父母，则更容易养育出操作型学习风格的孩子。

看完本章前两节内容后，或许你已经发现培养孩子发展成为综合型学习风格的重要性了，但调整学习风格不仅需要专业训练，而且需要时间。在孩子没有形成综合型学习风格之前，我们该怎么办呢？不同类型学习风格的孩子应该注意什么呢？

对视觉型学习风格孩子的建议：

1. 环境营造：对于低年级的视觉型学习风格的孩子，学习环境一定要整洁，特别注意不要给孩子购买图案精美的文具。因为对于视觉型学习风格的孩子来说，只要是漂亮的图案，都会引起他们的注意。学习环境中视觉因素过于丰富，比如色彩鲜艳的书皮、漂亮的铅笔盒等，它们都很容易吸引孩子的注意，从而让孩子分心。

2. 学习方法：多运用视觉记忆。

例如选择不同颜色的彩笔对课本上的重点内容进行标注，认真复习这些笔记。另外，还可以用睡前在大脑中"放电影"的方法来回顾复习白天上课时的学习内容。

对听觉型学习风格孩子的建议：

1. 环境营造：听觉型学习风格的孩子需要一个安静的学习环境。如果周围比较嘈杂，那么可以播放一些背景音乐来"降噪"，比如选择"白噪声"（雨声、风声、海浪声、鸟鸣等自然界的声音），或者选择孩子喜欢的轻音乐。注意不能用带歌词的歌曲作为背景音乐，这是因为歌词内容会对学习内容产生干扰。

2. 学习方法：使用听觉通道进行学习。

可以让孩子通过复述知识来进行复习。具体来讲，就是让孩子通过回忆、复述，把老师的讲课内容讲给家长听。也可以将自己复述的重点内容进行录音，然后重听录音，并结合课本内容对复述内容进行补充完善。

对操作型学习风格孩子的建议：

1. 学习环境：对于操作型学习风格的孩子，学习空间首先要够大、够明亮，温度要适宜，防止孩子产生压抑感。

2. 学习方法：一切动手操作的方法都适合这类型孩子。

让孩子制作学习卡片，比如低年级孩子可以自制识字卡片，高年级孩子可以自制公式卡片。多用肢体语言，比如让孩子尝试表演课文内容等。对于实际应用比较强的知识，比如辨别方向等，可以让孩子在实际生活中自己去操作体验。

最后，不管是哪种学习风格的孩子，都需要良好的学习环境，对此，我们可以对照下表，对孩子的学习环境进行调整。

环境要素	当前问题	改进措施
噪声		
家具		
桌椅		
灯光		
用品		

说明：

（1）噪声。噪声往往干扰思维进程。音乐虽然不是噪声，但也同样干扰思维进程。但一些轻柔的经典钢琴曲或者管弦乐曲（不含歌词）例外，适当听这些乐曲有利于人处于放松和机敏的状态。需要注意的是，借助画面和语言来进行信息传播的电视，会严重干扰学习时的思维。

（2）家具。绒毛家具及床会给人过于舒适的感觉，它们容易让人进入休息或瞌睡状态，从而不利于学习。

（3）桌椅。在学习时，只要有一套可以足够摆放学习用品的桌椅即可，桌上摆放过多的非学习用品更容易分散注意力。墙面装饰，如挂图等，要尽可能跟学习有关，否则也容易分散注意力。

（4）灯光。一盏灯容易有灯影，屋里最好开两盏以上的灯。

（5）用品。桌面上学习用品应该充足，并且摆放整齐，避免学习过程中因找笔、纸等而分神。

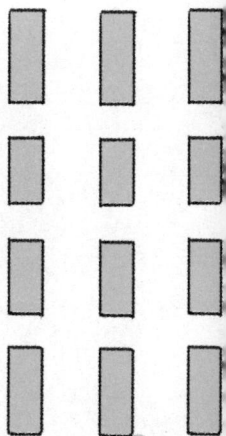

第三章
注意力不集中——
感觉表象过度被激活

　　从幼儿园开始，程程一直都是让老师头疼的孩子，上课下课都很好动，几乎一刻不停。到了二年级，程程已经成了学校有名的捣蛋专业户。他被班主任安排在讲台边的专座上作为重点盯防对象，尽管如此，还是防不胜防。班主任觉得程程的行为已经远远超出了正常孩子的标准，比如上课会突然大叫或者笑起来，脾气急躁、冲动，并且一生气就喜欢啃桌角或别人的衣服，这让同学非常讨厌他。班主任和学科老师都觉得程程可能患有多动症，所以才会有这么奇怪的表现。但美术老师和体育老师却觉得程程很正常，画画、做手工和运动都非常用心。除此之外，程程搭起乐高来也特别安静，可以静静地搭一两个小时。另外，程程虽然是班里最好动的，但考试成绩却并不是最差的，在班里属于中等水平。

　　多动症的学名是注意缺陷与多动障碍，简称 ADHD，一般 6 岁前发病，病程超过半年。多动症的核心症状有三个，分别是注意缺陷、活动过多和行为冲动。注意缺陷是指孩子注意力集中的时间明显和年龄不符，也就是比同龄人差太多。活动过多是指除了睡觉，几乎每时每刻都会动个不停，无法安静。行为冲动常常表现为做事不考虑后果，想到就去做。多动症的判断是一个非常专业的过程，多动、粗心、成绩差，不一定说明孩子就是多动症，操作型学习风格的孩子同样会有上述表现，要想有所改善，只要调整学习风格就可以了。

　　把程程的表现和多动症的特点相比较，我们会发现程程虽然好动，但在做操作类活动（绘画、手工、运动、乐高）时都非常专注，而且学习成绩也在正常水平，所以程程并不患有多动症。程程的种种看似反常的表现，其实和他的学习风格有关，他是典型的操作型学习风格，感觉表象被过度激活让他难以平静，也无法专注于与视觉和听觉相关的学习内容。

操作型学习风格孩子的
表现1：平时好动

操作型学习风格孩子的
表现2：做动作类活动时安静

生活中有很多像程程这样的孩子，他们因为感觉表象被过度激活，而被误认为是在故意捣乱或者患有多动症。那么感觉表象对孩子的学习到底有什么影响？如果孩子过度敏感、容易冲动，如何帮助孩子平静下来呢？这是本章要和大家分享的主题。

3.1 感觉表象对孩子学习的影响

感觉表象是我们对触碰到的、闻到的、尝到的、感受到的等各种感觉的再现。比如周末，你和孩子一起外出游玩，回家后你能记起吃过的食物的滋味、闻到过的空气的清新、摸到过的树叶的光滑，还有和孩子在一起时轻松愉悦的感觉。如果没有了这种感觉，脑海里只剩下画面和声音，是不是乐趣会大打折扣呢？

感觉表象不但丰富了我们的记忆和想象，更能帮我们理解别人的感受。孩子通过外出游玩体会到了出游时开心的感觉，那么下次看到别人出去玩，也可以感受到别人的快乐。像第一章里举的例子，初二学生不能理解《背影》中流露出的父子之情，不是孩子不懂感恩，而是他自己平时和父母相处的感受（属于感觉表象）未被完全激活，所以他们眼中只有"一个胖胖的老人笨拙地去买橘子"的形象，再多的文字描写也无法让他们真正感受到"父爱如山"。

和我们的童年相比，现在的孩子远离大自然，很少有历险的机会，也很少有和小伙伴嬉戏的时光，学习之外的时间，大部分都与

导致感觉表象激活不充分的因素：
除了学习、手机，很少去户外

导致感觉表象被过度激活的因素：
隔代养育导致孩子敏感任性

电子产品相伴。最喜欢的人物，往往是动漫人物。父母除了关心学习，同孩子在情感上的交流也非常少。久而久之，有些孩子感觉变得迟钝，感觉表象激活不足，只有喧闹的音乐、绚丽的画面这些具有强烈刺激的媒体形式才能引起他们的注意。还有些孩子从小被祖辈抚养，一点点微小的变化，都会被老人们放大，久而久之感觉表象又被过度激活。

感觉表象被过度激活的孩子，视觉和听觉表象往往激活不够，这一类孩子属于第二章中介绍过的操作型学习风格。他们不懂得用语言表达自己的感受，往往和程程一样敏感暴躁，经常用动作来表达自己的情绪，生气时打人，开心时也打人，让同学敬而远之。而他们此时并不知道发生了什么，误以为同学都不喜欢自己、攻击自己，进而脾气也越发急躁易怒。

性格上的敏感急躁会影响上课的状态和人际关系。在信息输入上，程程对感觉的过度依赖，会让他的行为变得难以理解。比如，程程经常啃桌子、舔铅笔盒，这种行为其实是在探索世界，他们和低幼儿一样，不会用眼睛看、用耳朵听，而是用动手、动嘴的方式，用感觉去认识世界。感觉表象的过度激活会严重影响孩子的学习和生活，而感觉表象的正常激活则对阅读和写作有至关重要的作用，关于这一部分内容，后面会为大家做详细介绍。

如何才能让程程这样的孩子"静"下来呢？我们都知道心静才能专注，但心静绝对不是一动不动。心静是一种注意力高度集中的心流状态，而不是表面安静、大脑却在激烈运动的假安静。

有的老师或者家长过于严厉，让孩子情绪非常紧张，此时的孩子虽然表面上很安静，但大脑却在开小差。这种状态如果持续下去，那么孩子在其他所有事情上都有可能无法集中注意力，后果会比较严重。那么如何让孩子真正"静"下来呢？下面的几个小练习会帮助到大家，但需要长期坚持，每种方法至少坚持一个月，就会看到明显的效果。

3.2 让孩子恢复平静的相关练习

2010 年，耶鲁大学学者 Angier 把 41 名大学生随机分成两组。A 组学生每人双手捧着一杯热咖啡，B 组学生每人捧着一杯冰咖啡。到实验室以后，两组学生分别对同一个想象中的中性人物的人格特征进行评估。结果显示，A 组学生比 B 组学生更有可能把这位想象中的人物评估为热情、友好。所以，身体上感知到的温暖影响了学生认知上的判断。

这个实验改变了人们对认知、情绪和身体之间关系的认识，证明了具身认知理论的科学性。具身认知理论认为身体的状态会影响情绪和认知。在我们情绪低落的时候，通过改变身体姿势，可以调整情绪状态和改变想法。

德国汉诺威医学院与瑞士巴塞尔大学的科研人员曾经通过注射肉毒杆菌的方式帮助抑郁症患者改善症状，肉毒杆菌是一种神经毒素，能够麻痹肌肉。科研人员将肉毒杆菌注射在了抑郁症患者面部的某些地方，使其难以做出皱眉的动作。结果发现，随着皱眉次数的减少，抑郁症患者在日常生活中展现出了更多的积极性，在与别人交往时也使对方更加轻松。这个案例说明，身体动作的确能够影响情绪和大脑。

如下图，把铅笔横着叼在嘴里 1 分钟，和把铅笔竖着叼在嘴里 1 分钟，比较看看，你的情绪会有什么不同。你会发现，前者会让你不由自主开心起来，而后者则会让你难过。这是为什么呢？

实验演示图

这是因为把铅笔竖着叼在嘴里，嘴部肌肉向下，呈紧张状态，和我们悲伤时的嘴部动作相同，于是我们会感受到悲伤的情绪；横着含在嘴里，嘴角上扬，和我们开心时的嘴部动作相同，所以此时心情会变得快乐起来。

上面这些案例都说明身体动作会影响人的情绪，那什么样的身体动作能让人保持平静呢？呼吸是不错的选择。

在我们情绪紧张的时候，我们的呼吸会急促，心跳也会加快，此时如果能使呼吸和心跳放缓，那么情绪便能得以放松。冥想、催眠、瑜伽，还有太极，对呼吸都有很高的要求，它们都是通过调整呼吸来让人平静下来的。

接下来会为大家介绍三种基础练习，这三种练习不仅可以平复情绪、培养专注力，而且对于激发学习动力也很有帮助。家长可以和孩子一起练习。

3.2.1　1分钟数呼吸练习

准备：呈站立姿势或者坐在舒服的椅子上，用鼻子慢慢呼气，感觉小腹凹进，之后放松腹部，再让空气慢慢自然进入，腹部凸起，这样算完成一次呼吸训练。保持同样的频率呼吸，重复进行多次。

操作要点：计时1分钟，记录1分钟内自己呼吸的次数。先呼后吸，吸气时自然放松。如果中途开小差，那需要重新开始。

先呼气　　　　后吸气

1分钟数呼吸练习

你完成情况如何？

小学生一般每分钟完成10次为好，中学生和成人每分钟完成6次比较好。

3.2.2 1分钟感受脉搏练习

准备：坐在硬质椅子上，将骨盆摆正，臀部放平，双手自然放在大腿两侧，全身放松。

操作要点：调整呼吸，用右手触摸左手脉搏。计时 1 分钟，感受脉搏跳动。

1 分钟感受脉搏练习

你完成情况如何？

如果一分钟内能够非常清晰地感受到每次脉搏跳动，说明你已经进入"内心平静"状态。

注意：如果练习者压力大，长期处于焦虑状态，那么可能会对自己的脉搏或心跳觉察不明显，建议先认真完成数呼吸练习，一个月后再来尝试此练习。

3.2.3　1 分钟感受心跳练习

准备：平躺在垫子或床上，将骨盆摆正，臀部放平，双手自然放在大腿两侧，全身放松。

操作要点：调整呼吸，静静感受身体的"振动"部位，可能是心脏部位，也可能是颈部。左手触摸胸口，感受心跳。计时 1 分钟。

你完成情况如何？

1分钟感受心跳练习

如果一分钟内能够非常清晰地感受到每次心跳，说明你已经进入"内心平静"的状态。

注意：1. 如果孩子身体比较疲惫，会很容易睡着，不需要叫醒他，让孩子好好休息。2. 在练习时保持身心放松，静静等候就好，放松状态下更容易清晰地感受到每一次心跳。

通过一个月的基础练习，绝大多数孩子和成年人身体会明显感觉放松，情绪稳定，专注力明显提升。有些孩子在进行呼吸练习时很可能会笑场或者不配合，在感受心跳时则完全感受不到。针对这些情况，我们补充了下面两个练习，它们更侧重于身体的动作，同时也更适合调皮好动的孩子。

3.2.4　健脑操"挂钩式"

健脑操"挂钩式"训练可以帮助人快速平复心情，提升专注力。其操作步骤如下：

1. 坐在椅子上，肩放松，背挺直，左手腕交叉放在右手腕上、双手掌心相对、手指交叉相扣，然后将手拉回胸口。

2. 双腿交叉，左腿在前，用力绷紧。

3. 鼻吸口呼，越深越慢越好，动作持续时间至少 1 分钟。

4. 两腿与肩同宽站好，十指相触虚抱成球状，放于丹田位置，深呼吸约 30 秒。

健脑操"挂钩式"

3.2.5　海草舞蹈

准备：两人一组，呈站立姿势，练习者扮演海草，指导者扮演海浪，并站在"海草"身后。

操作步骤：

1. 练习者想象自己是一棵海草，将随着波浪飘摇。

2. 指导者尝试从不同方向用手推动练习者，扮演海浪在激荡海草。

3. 练习者认真感受指导者推动的力量大小和位置，跟随"海浪"摆动身体。"海浪"停止后，练习者也随之停止并站直。

注意：最好双手发力，避免用力不均或过猛而引起受伤。"海草"一定要跟随"海浪"飘摇，不要自己摆动。

上面五种练习，只要坚持做一个月，每天早晚各一次，孩子基本都会慢慢静下来。心静是学习或者做事的前提，所以孩子在正式开始学习前，好好试试上面的方法吧！

方法总结　让孩子平静的方法

1. "1分钟"练习：包括1分钟数呼吸、1分钟感受脉搏和1分钟感受心跳三种方法。1分钟数呼吸的要点在于先呼后吸，注意腹部的起伏，它是三种练习中最为基础的练习。1分钟感受心跳或脉搏的操作要点在于清晰地感受每一次心跳或脉搏跳动。

2. 健脑操"挂钩式"：这种方法适用于好动的孩子，关键在于双手双脚分别交叉绷紧。

3. 海藻舞：这种方法适用于好动固执的孩子，要点在于练习者要跟随身后指导者的力量方向而"飘摇"，指导者双手力量一定要柔和稳定。

3.3 专注力日常训练

关于提升专注力的日常练习有很多，在这里，我们介绍五种最方便、最经典的练习方法，建议五种方法交替使用，家长可以和孩子一起练习，相互比赛，这样既增加了趣味性，同时也加深了亲子感情。

3.3.1 舒尔特方格

舒尔特训练法是世界比较知名的专注力训练法，它具有既专业又操作简单的特点，普遍适用于飞行员、航天员，同时也可以有效提升学生的专注力。

准备：白纸、笔和尺子。

操作步骤：

1. 以 1 cm × 1 cm 的小方格为单位，在白纸上画五行五列的 25 个方格。

2. 在方格内随机填入阿拉伯数字 1 ~ 25。

3. 用手指按 1 ~ 25 的次序依次指出数字的位置，同时将数字诵读出声。

注意：1. 开始训练时可以降低难度，选择 3×3 或者 4×4 等数量少的格子，分别填入 1 ~ 9 或者 1 ~ 16。

2. 可以把格子改成文字，比如在 5×5 的格子里填写一首孩子熟知的五言绝句，但诗中的字句要完全打乱，然后让孩子按顺序指出并读出来。

3.3.2 倒数数（或倒背诗）

如果孩子身处低年级，或者每天空余时间很少，可以通过倒数数来训练专注力。家长可以和孩子互相计时，互相比赛。这种方法，还可以培养孩子的数感。

3.3.3 听文找字

准备一首诗或者一篇文章，为孩子朗读。朗读前，在诗或文章中给孩子指定字或词，读完后，让孩子说出指定字或词出现的次数。比如朗读《再别康桥》，让孩子说出文中"的"字出现了多少次。这种方法可以训练孩子有目的地听课。

3.3.4 数钟声

闭上眼睛，仔细聆听并数时钟的滴答声。第一天数 10 次滴答声（不一定是 10 秒，孩子听到 1 次才算 1 次），第二天数 15 次滴答声，第三天数 20 次，之后逐渐增加次数。

孩子在坚持 1 个月后，专注力会明显得到提升。除此之外，这种方法还可以激活孩子的听觉表象，让孩子上课更容易把注意力集中在老师的讲解上。

3.3.5 留住我的心

本方法可以让孩子在上课或阅读时更加专心。

时间：10 ~ 30 分钟。

步骤：1. 告诉孩子，你将要和他一起玩一个游戏，游戏规则为看谁凝想画面的时间长。

2. 用手指在空中点一个点，然后心中想着这个点。为了排除干扰，最好让孩子闭上眼睛进行。如果可以先做 1 分钟深呼吸，效果会更好。

3. 将空中的点向两边拉伸，成为一条直线，继续凝想此直线，并将凝想时间延长。这一步，可以用手势来帮助自己拉直线。

4. 将直线描绘成"米"字形，如下图所示。

专注力练习：留住我的心

5. 尝试将直线描绘成比较复杂的图形，比如五角星、螺旋形，并凝想该图形一段时间，继续将图形复杂化，并保持凝想，同时延长凝想的时间。如果孩子想不出来，可以降低难度，或者先在纸上画出来，再来想象。

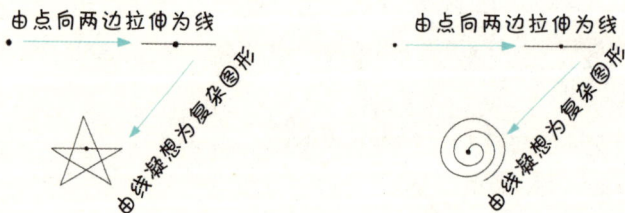

专注力练习：留住我的心 2

6. 和孩子互相分享练习的感受，分享之后再练两次或三次。

7. 每天进行练习，并在练习时提醒孩子：即使听到声音，你也可以专注于图形上。这是一种暗示语，要用低沉缓慢的声音说出来。

注意：这个练习可以三个人参与，一个人发布指令，其他两人完成。也可以两人参与，互相发布指令。坚持 1 个月后，孩子的专注力会明显得到提升。除此之外，这种练习还可以激活视觉表象。如果孩子想象不出来，可以让孩子调整眼珠位置，有意将眼珠转向右上方，以此来帮助构想画面。

方法总结 **专注力日常训练方法**

1. 舒尔特方格：在小方格里填写数字或者文字，让孩子按照一定顺序指读，以此来训练孩子的专注力和手眼协调能力。

2. 倒数数：随时可以进行，提升专注力和数感。

3. 听文找字：听一段话，找出指定文字出现的次数。这种方法可以训练孩子带着目标去听课。

4. 数钟声：固定一个时间段，去数钟表的滴答声，这种方法特别适合听觉表象激活不够的孩子。

5. 留住我的心：这种方法运用视觉表象来稳定注意力，可以有效克服阅读和上课时的不专心。

第四章
粗心大意——
视觉表象稳定性不足

和前几章一样，我们先看一个案例。不一样的是，这个案例，我将带大家从咨询师的视角进行解读，希望可以帮助大家更好地理解和使用前三章的内容。

一、一般情况

乐乐，男，小学四年级学生。因为父母工作忙，从小就由爷爷、奶奶照顾，但是和父母住在一起。上小学后，出现了上课爱动、作业拖拉，并且脾气非常暴躁，动不动就生气的情况。在班上没有朋友，学习成绩基本在80分左右。进入四年级后，成绩进一步下降，尤其是语文，书写马虎，错别字多，老师反映孩子在上课时根本不听。做阅读题时，经常抱怨看不懂，必须妈妈逐句讲解，才勉强会做一些。如果自己看题，总是漏字或跳行。数学计算常常出现会算、但一做就错的情况。特别害怕写作文和解应用题。作文都是随意凑字数，写两三行就草草结束，也没有标点。对于应用题，怎么讲也听不懂。

二、初步印象

通常根据家长的描述，我们会对孩子进行初步评估。案例中孩子有三个问题：1. 学习状态差，不能专注。2. 视觉表象有问题，文字转换为画面困难，且视觉表象很不稳定。3. 空间表征有问题，抽象思维差，不能够管理自己的情绪。

三、具体诊断

家长的描述往往带有主观性，不一定很准确。要想明确问题的根源，还需要进行更具体的观察和评估。

1. 行为观察

乐乐从进入工作室后，就一直低着头，并且不停地玩弄书包背带。这个表现可以初步判断他极有可能是操作型学习风格的孩子。

2. 父母教养方式观察

父母对孩子的影响非常大，父母的一言一行都会潜移默化地影响孩子，我们借助这个案例看看家长到底是怎样影响孩子的。

乐乐是由父母两人陪同来进行咨询的。爸爸一直对着乐乐大声吆喝，要求他"抬头""问好""认真回答老师的问题"。当乐乐没有回应时，爸爸开始拉扯乐乐的胳膊，拍打他的后脑，并且语气更为急促。这时妈妈开始制止爸爸，要求爸爸冷静一点，并且开始哄乐乐："乐乐，老师和爸爸妈妈一样，都是喜欢你的，老师问你什么，你就答什么，不用害怕。答完了，我们就可以回家玩了。"

从上面对话可以看出，乐乐父母的教养方式是矛盾的，爸爸侧重于"严厉"，妈妈习惯于"哄"，父母两人没有统一明确的养育原则。通过询问还了解到，爸爸生气时，还会打骂乐乐。这对乐乐来说，是一个非常差的镜像行为，乐乐脾气坏，在校打同学，和爸爸的言行镜像密切相关。

不管是孩子还是父母，都需要培养自己稳定、平和的情绪，这对构建良好的家庭氛围非常重要。

3. 学习状态评估

学习状态的好坏会严重影响学习效果，我用"数呼吸"的方法对乐乐的学习状态进行了评估。第一次，乐乐说记不住具体的呼吸次数。我鼓励孩子再试一遍。第二次，乐乐说出了自己的呼吸次数为 31 次。这一结果说明乐乐的情绪非常紧张，无法专注于学习，同时性格也比较敏感，在与同学相处时，更容易脾气暴躁。

4. 学习能力评估

接下来我对乐乐的隐性学习能力作了评估，因为乐乐有明显的学习困难，所以我主要观察判断了孩子的学习风格并对表象系统中不同表象的激活程度和空间表征能力进行了评估。通过评估，发现孩子属于操作型学习风格，视觉表象非常不稳定，所以经常会漏字、错字。同时空间表征能力也很差，所以抽象思维不足，数学题稍难点就看不懂题目。最后还发现乐乐的时间线混乱，这导致他说话和写作都没有条理，时间管理更是一团糟。

5. 综合评估

从上面几个角度具体分析过之后，我们可以看出：乐乐情绪紧张，学习专注度差，时间线混乱，视觉表象激活不足，空间表征能力也不足。这一系列问题直接导致乐乐学习能力低下、情绪不稳定、做事无计划。

辅导建议

乐乐的问题比较复杂，需要从学习状态、视觉表象和空间表征三个方面进行辅导，同时父母也尽量要参与辅导，这样不仅可以改变自己的不良情绪状态，而且可以将学到的训练方法延伸到课后孩子的训练中，效果会更明显。首先要做的是学习状态和视觉表象激活的辅导，宁静的心态、丰富的表象是空间表征激活的前提。

1. 学习状态调整：进行1分钟数呼吸练习和留住我的心练习，每天早晚各1次。

2. 视觉表象激活：进行眼球操、空中写和空中算练习，这三种练习的具体操作方法后面会具体介绍。

3. 学习环境的调整：根据乐乐的学习风格特点，对学习环境进行调整。

关于学习风格的判断和调整方法，第二章已经进行了详细介绍。其他几种隐性学习能力的激活操作，后面章节会陆续讲解。

本章，我们先了解视觉表象稳定性的判断和训练方法，以此从根本上解决孩子的粗心问题。

4.1　视觉表象稳定性的判断

视觉表象稳定性会直接影响孩子解题的准确性，所谓粗心大意，大部分是视觉表象不稳定引起的。在乐乐的案例中，我用了三种方法对乐乐的视觉表象稳定性进行了诊断。

第一种方法是"日常生活判断法"。

我让乐乐回忆，在来工作室的路上，看到了什么，听到了什么，感觉到了什么，并说出来。乐乐的回答是，什么都没看到，只听到了有人说话的声音。自己一口气跑上楼，感觉有点累。由回答可以看出，乐乐关注的是声音和自己的感觉，视觉表象基本没有进入意识。

这种方法是通过对生活场景的询问，在自然状态下判断孩子表象系统的一种常用方法。可以将"在来工作室的路上"换成"昨晚吃饭""刚才看电视""上午去公园"……要注意一点，那就是距离提问的场景，间隔时间不要太久，最好是刚刚发生的，避免长时记忆带来的判断误差。

第二种方法是"简单计算判断法"。

给乐乐出一道 17+15 的竖式计算题，要求是只允许他在空中计算，并且嘴里不能发出声音。乐乐写写停停，不时地想动嘴说计算过程，被制止后，先是皱眉，然后低头看右下，嘴里喃喃地说："真麻烦，我算不出来。"整个过程说明乐乐习惯用听觉和感觉来思考，视觉信息输入困难。

这种方法用到了简单计算，适用于小学生。如果是对中学生进行测试，可以把加法换成乘法，或者增加数位。另外需要注意的是，测试时，绝对不允许用手指比划或者口中发出声音来辅助计算。

最后一种方法是"阅读判断法"。

让乐乐读一段课文，读完后，说说课文的意思。乐乐读的时候出现了跳行，甚至整个自然段都没有读的情况。说课文意思时，只能单个词、单个词地说，在提示下才能把词串成句子。所有这些都说明乐乐视觉稳定性差，孩子无法将词语对应的画面连贯成完整的故事，从而也影响了他的完形能力。

通过阅读时是否漏字、跳行来判断孩子的视觉表象稳定性，这种方法特别有效。对于识字少的孩子，父母可以用字串代替文章。随手写一串数字，让孩子很快地读出来，看是否有错漏。

1. 日常生活判断法：要点是询问在近期生活场景中看到、听到、感受到什么。通过回答，看孩子关注更多的是视觉、听觉，还是感觉。

2. 简单计算判断法：要点是让孩子在脑海中默默计算，不能动手，也不能发出声音来计算。如果孩子完成很困难，则说明视觉表象稳定性较差。

3. 阅读判断法：要点是阅读短文并复述内容，看孩子是否有错漏。如果孩子在朗读时错漏情况严重，则说明视觉表象稳定性较差。

4.2 提升视觉表象稳定性的训练

我们每天接收的信息，大部分是以视觉表象的形式储存在脑海中的。如果视觉表象不稳定，那么信息很可能在储存的时候就错了，自然就会出现各种貌似粗心大意的问题。本节将教你三种提升视觉表象稳定性的方法，非常方便实用，建议每天做一次，直到孩子能熟练完成为止。

4.2.1 眼球位置法

这种方法简单好用，它建立在脑科学原理基础之上，关于它的具体原理，我们会在第七章进行详细说明。

准备：秒表

步骤：

1. 把左手食指放在左眼的左上方，两眼球转向左手食指方向，坚持 10 ~ 30 秒。

　　2. 把右手食指放在右眼的右上方，两眼球转向右手食指方向，坚持 10 ~ 30 秒。

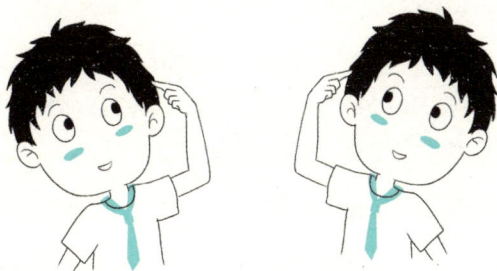

眼球位置法操作图

4.2.2　动态物体绘画法

　　准备：绘画纸、水彩笔

　　步骤：观察一个动态物体，然后画出来。

　　你可以陪孩子站在路边，观察一个人从远到近走过来，注意他的走路姿势、表情、外貌，还有衣着，还可以猜一猜他是什么职业，要去做什么。或者，也可以观察熟悉的人，看看他们有哪些你平时没有注意到的地方。仔细观察后，再画出来。熟练后，可以观察速度更快的物体，比如一辆汽车。

4.2.3　脑海涂色法

　　准备：绘画纸、水彩笔、安静的环境、舒适的桌椅步骤：

1. 坐好，与孩子一起定好要画的物品及其颜色，比如黄色的房子、黑色的自行车、白色的书包、绿色的树和红色的椅子，然后让孩子闭上眼睛想象这些物品。

2. 让孩子说出每一样物品的颜色，比如房子是什么颜色？书包呢？椅子呢？如果回答正确，则进行下一步；如果不正确，则重新开始。

3. 与孩子重新在脑海中为物品涂色，比如把房子涂成白色，自行车涂成绿色，书包涂成黄色，树涂成紫色，椅子涂成黑色。涂色完成后，让孩子说出五样物品的颜色。

4. 如果有错，则重新开始；如果全对，可以更换物品的颜色或者更换物品，再重新开始。

方法总结 提升视觉表象稳定性的方法

1. 眼球位置法：借助双手食指训练双眼眼球看左上方或者右上方，每一个方向坚持 10~30 秒。

2. 动态物体绘画法：观察动态物体，并画下来。

3. 脑海涂色法：想象五种不同的物品，和孩子一起在脑海中为其涂上不同的颜色，闭上眼睛想象这些物品，让孩子再次说出这些物品中每一样物品的颜色。不断更换物品或物品颜色，重复操作，以此训练孩子的视觉稳定性。

4.3 擦亮脑袋里的小黑板——识字训练

4.3.1 粗心的真正原因

乐乐在脑海涂色练习中遇到了很大的困难，他连五样物品是什么都记不住。他抱怨脑子里的五样东西，一会儿出现这个，一会儿出现那个，抓也抓不住。我听了乐乐的话，给乐乐补充了一个小测试：让他分别在白纸和田字格本上抄写一句话。结果在田字格本上乐乐抄写得整整齐齐，白纸上的字则上蹿下跳、东倒西歪。这是视觉表象差的典型表现——大脑里没有"屏幕"。为了得到进一步验证，我又问道："乐乐，你写字时，大脑里有没有一块黑板？在黑板上你可以安排好每个字的大小和位置。""什么？黑板？没有什么黑板，我想到哪就写到哪。"孩子有点奇怪。

这就是乐乐粗心的原因之一。我们在实际生活中看到的事物是立体的，而脑海中想象的物体却是在一个平面上，就像电视、电脑屏幕一样。缺少屏幕训练，脑海中的物体或内容就容易错位或出错，从而出现卷面不整齐或粗心大意犯低级错误的情况。

乐乐不但字写得难看，而且速度特别慢，写字的时候嘴里还"念念有词"。孩子在写字时之所以很慢，而且会忘记笔画，是因为他做作业时还是按照一年级刚学写字时那样，说一个笔画写一笔，这是一年级学生写字时用到的"书空法"。这种方法有两个缺点：一个是孩子脑海里没有整个字形，只有单个笔画；第二个是孩子借用听觉表象（声音）来回忆笔画，所以孩子写字会很慢，并且不念出声就不会写。长期用"书空法"写字容易导致视觉稳定性不足，这是乐乐容易写错字的又一个原因。

针对上面问题，我们可以用三种方法来进行识字训练。其中最重要的是"空中写"练习。

在空中写字，我们的眼睛是看不见笔画的，笔画都出现在大脑里。在完成"空中写"练习时，视觉先将信息储存在大脑，之后再从大脑提取信息，这一过程用到了内视觉。而我们平时在纸上抄写生字则不同，一笔一画都看得见，用到的是外视觉。养成"空中写"的习惯，不管是对于汉字、英文，还是公式，它都可以帮助孩子加深记忆，而且在它的帮助下，孩子的书写也会又快又准。下面"拉"出脑袋里的黑板，让我们先进行屏幕训练。

4.3.2 识字基础训练：屏幕训练

准备：水彩笔、白纸、舒适的桌椅、轻松的心情

步骤：

1. 坐在椅子上，闭上眼睛，在大脑中想象一块黑板，在黑板中间首先出现黄色的数字"5"，然后在"5"的左边出现绿色的"7"，右边出现红色的"2"。请问红色的数字是几？绿色的数字呢？确认无误后，睁开眼睛，在纸上用彩笔写出这串数字。如果出错，就减少为两个数字，重新开始。

2. 闭上眼睛，延续"步骤1"中黑板上的内容。在"5"的下面写上蓝色的"9"，"2"的下面写上黑色的"6"，"7"的下面写上黄色的"4"。确认无误后，睁开眼睛，用彩笔在纸上对应的位置，写出这三个数字，并检查是否正确。如果有错，则减少为两个数字，

重新开始。如果正确，则增加一个数字。

4.3.3 又快又准的识字方法：空中写

准备：字典、田字格本、笔、舒适的桌椅

步骤：

1. 在字典中随机选取一个生字，仔细看一遍，默写在田字格本上，然后再默写一遍，默写的时候不要回看生字，也不能读出声，如果写不准确，再重新仔细看一遍。

2. 眼珠转向左上方回忆生字，之后伸出右手食指，在空中书写这个生字，如果可以流畅、不停顿地书写出来，就抄写在田字格本上。如果不行，则重复第一步。

注意：如果你是左利手，眼珠请看右上方。

4.3.4 让错字不再出错的方法：反写字

对于易错字，可以用反写字的方法来巩固。

准备：字典、田字格本、笔、舒适的桌椅

步骤：

1. 选择一个易错字，仔细看一遍。

2. 眼珠转向左上方，回忆字形。

3. 眼珠转向右上方（构想画面），将这个字左右镜像，构想该字镜像后的字。

4. 将左右镜像后的字，写在田字格里。如果出错，则重新从第一步开始。

5．巩固：完成全部五个字的左右镜像和书写。

比如弱小的弱写错了，那么孩子可以通过做反写字的相关练习来纠正，具体见下图。

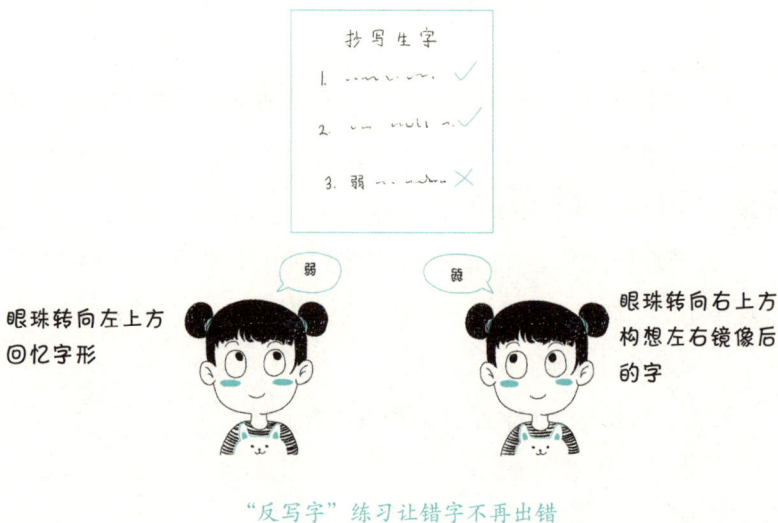

眼珠转向左上方
回忆字形

眼珠转向右上方
构想左右镜像后
的字

"反写字"练习让错字不再出错

注意：如果你是左利手，那么眼珠转向的方向与上面方向相反。

孩子写字乱，错别字多，甚至漏字，所有这些都可能是视觉表象稳定性差引起的。下面这些方法只要坚持一个月，就可以帮助孩子有效解决这些问题。

方法总结 识字训练方法

1．屏幕训练：闭上眼睛，在脑海中想象一块黑板，在黑板上显示两到三个带颜色的数字，整个过程保持数字的稳定。确认无误后，睁开眼睛在纸上用彩色笔准确写出这些数字。如果出错，则重新开始；如果正确，可以增加数字。

2. 空中写：先将生字准确写在田格本上，然后再在空中书写出来，书写时眼珠看左上方回忆字形。书写时口中不能出声。

3. 反写字：将易错字左右翻转后写出，书写时眼珠先转向左上方回忆正确的字形，然后转向右上方构建翻转后的字，最后将其写在田字格本上。

4.4 擦亮脑袋里的小黑板——计算训练

4.4.1 对计算的新认识

本节中的计算错误是指一般意义上的整数计算、小数计算和分数计算错误，但不包括因为知识镜像不准确，即不理解数学意义，机械识记计算口诀导致的计算错误。这类问题往往发生在幼儿园孩子身上，很多幼儿在学习珠心算时，存在单纯记忆口诀，却不理解算式的内涵，导致计算慢、反复错。对算式的理解和数学模型的构建将在后面抽象思维部分进行详细讲解。

低年级孩子由于粗心，口头计算没错，但写在纸上就错了。除此之外，常见错误还有计算时忘记进位，错将加号看成减号等。这和总写错字一样，都是视觉稳定性差的表现。有些孩子在计算时嘴里会喃喃自语，这是用听觉表象来帮助记忆计算过程，使用听觉表象确实在一定程度上可以帮助孩子，但是听觉表象不具备稳定性，信息很容易不准确，因此我们建议孩子提升视觉稳定性，尽量不要使用听觉表象。这种情况如不及时矫正，到了高年级，就会出现小数和分数计算总出错，复杂的数学题会做，但过程总出错等问题，这些问题常常在成绩较好的同学身上出现，老师和家长们称之为"低级错误"，却不知道这是孩子的隐性学习能力不足所导致的。

计算和识字一样，都需要视觉表象的充分激活，计算越复杂，对视觉表象的稳定性要求越高。计算过程分为抄写算式和计算结果两部分，前者属于回忆画面（数字的视觉表象），后者属于构想画面。计算过程中基本不需要听觉表象和感觉表象的参与。

4.4.2　计算训练——空中算

空中算是训练计算的基本练习，和空中写练习一样，这种方法不仅可以锻炼孩子的手眼协调能力、激活表象，而且还可以增强视觉表象稳定性。空中算不仅可以让孩子的口算题答得又快又准，还可以提高孩子的空间想象能力，对学习几何也有很大的帮助。

准备：演算本、计算题、和孩子一起愉快练习的心情

操作：

1. 选择一道计算题。计算题的难易程度要适合孩子的视觉表象激活现状，从简单题入手，注重提高孩子兴趣及培养空中计算的习惯。

2. 在演算本上抄写这道题，并列出竖式。如果孩子还没有学过竖式，或者题目无法用竖式，比如分数计算题，就用横式计算。

说明：配合纸面书写过程，可以让脑海训练更加准确、精细。

孩子熟练后，可以跳过此步直接进入下一步。

3. 在空中"创造"一块黑板，想象或者用双手比划都可以。这一步对于训练屏幕思维很重要，不能省略。

4. 眼珠朝左上，回忆抄写的算式，右手食指在空中黑板上计算。如果想不出来，提示孩子眼珠朝右上构想黑板及算式。计算过程中，注意避免孩子用听觉表象协助计算，即不可以读出声来。

5. 算完后，"擦除"空中的算式，把黑板收入大脑中。对于这一过程，想象或者用手比划都可以。

6. 将最终结果写在演算本上。

7. 如果轻松完成五题，则提高计算难度，继续练习。可以通过更换更复杂的计算题来提高难度，比如从不进位计算到进位计算，从加法到乘法；也可以提高空中算的难度，让孩子直接在大脑中的黑板上计算，而不再在演算本上列竖式，以及用手指在空中黑板上模拟计算。如果错误，则重新开始。

方法总结 **空中算**

空中算对于应对孩子计算粗心的问题效果特别明显，在使用时注意以下几点：

1. 从易到难，每完成五道同等难度的题目则进阶。

2. 开始练习时，要提醒孩子注意计算过程中眼珠的位置方向，直到孩子能够熟练进行计算为止。

3. 起始练习时，"创造黑板"这一步一定要让孩子比划黑板的大小和位置，如果过大、过小或者过远、过近，都要及时提醒孩子调整。

4. 计算过程中不能借助语音提示，全程只能在脑海中计算。

第五章
不会阅读——
视觉表象丰富性不足

　　乐乐的视觉表象被激活并稳定之后，书写和计算果然细心多了，孩子愉快地升入了五年级。乐乐的妈妈很开心，这时新的挑战又出现了：乐乐语文阅读还是很差，虽然读书时不再跳字漏行，但读一遍后总是记不住文章说了什么；做一篇阅读要反复看好几遍，时间拖很久。

　　这个问题还是和乐乐的视觉表象有关系，具体来讲，主要与视觉表象的丰富性有关。我们脑海里视觉表象越丰富（场景记忆），在阅读时能够想象出来的画面就越多、越逼真，理解也就越容易。

　　乐乐的另一个老大难问题是几何，这也和视觉表象丰富性有关，乐乐读完题目后，脑海里想象不出几何图形。

　　下面是乐乐的数学作业，我们对照图片来分析一下，这样更容易理解。

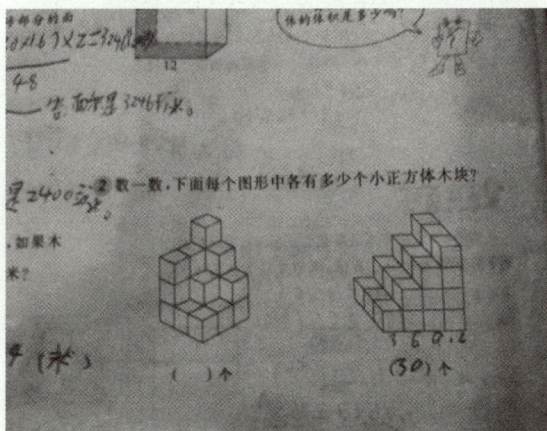

上图中数小正方体这道题和乐乐的视觉表象丰富性有关，读完题后，乐乐不能在大脑构想出题目中图形的表象，同时也不能对图形表象进行多角度构想，这样自然无法理解题目的含义，当然也做不对题目。解此题关键在于想象出对应的立体图形，并且可以将图形旋转，便可轻松填出答案。

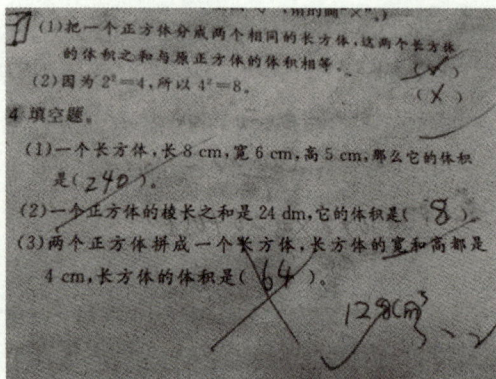

上图填空题中的第一题直接应用了长方体公式来计算。解答后面两题则需要变换条件，不能直接代公式了。孩子的第三题错了，如果你仔细看，会发现第二题的答案也有涂改痕迹，说明他对图形的变换掌握不熟练，不能准确构想画面，最终导致计算错误。

在学校里，孩子如果出现类似乐乐的这两种问题，老师一般会认为孩子阅读理解能力差和空间想象能力差，给出的建议是多读书，多做几何题，有的老师会要求家长带孩子多做立体模型，以此来增强孩子的空间想象能力，但如果视觉表象丰富性不够，这些方法可能会大打折扣。

那如何判断视觉表象丰富性是否充足？若视觉表象丰富性不足，又有哪些补救办法？如何利用视觉表象丰富性来提升阅读理解能力？这是本章我们要介绍的内容。

5.1 视觉表象丰富性的判断

前面我们讲解了识字和计算的技巧，下一章将要讲解背诵的训练方法，加上本章，这三部分内容都以激活表象（包括视觉、听觉、感觉表象）为主，识字和背诵需要同时激活视觉和听觉表象，部分内容还需要激活感觉表象。计算以激活视觉表象为主，对视觉稳定性有非常好的强化作用。

有些孩子在识字和计算时，习惯用声音提醒自己笔画结构和计算过程，这样会导致视觉表象稳定性不够，出现说得对、但写不对算不对的情况，也就是常说的粗心大意。

视觉表象的激活是一个长期的过程，小学阶段，尤其是小学低年级，这一段时期非常关键。进入初中后，理科很多知识或题目，都需要孩子能够迅速地将大段的文字转换为画面，再生成对应的学科模型，以此来帮助孩子增进理解，这一过程中文字转换为画面则需要丰富的视觉表象。

如果小学阶段视觉表象未被充分激活或视觉表象丰富性不够，那么等孩子到了初中，学习将会非常吃力。

因为视觉表象丰富性和视觉表象稳定性同属于视觉表象范畴，

所以判断视觉表象丰富性的方法和判断视觉表象稳定性的方法很相似。视觉表象丰富性和视觉经验留存度以及文字转换为画面的能力密切相关。

日常生活中，可以让孩子回忆画面，借助画面数量来判断孩子的视觉表象丰富性。比如回家路上，或者其他活动结束后，脑海里留存了多少画面。如果多于5幅，那么说明孩子视觉表象丰富性良好。

学习上，可以问孩子"看完题目后，脑海里有没有相关画面"。如果没有画面只有文字，或者出现的只是和题目无关的画面，那么说明孩子视觉表象丰富性有待加强，文字转换为画面的能力需要提升。

方法总结 **视觉表象丰富性的判断**

1. 利用脑中留存画面的数量来判断。

如果多于5幅，那么说明孩子视觉表象丰富性良好。

2. 利用脑中是否有题目相关画面来判断。

如果没有画面只有文字，或者出现的只是和题目无关的画面，那么说明孩子视觉表象丰富性不足，文字转换为画面的能力需要提升。

5.2　增加视觉表象丰富性的日常训练

视觉表象的丰富性让我们在看过文字、图片，或者某一事情发生后，能够在脑海中呈现相应的画面，这些画面可以完整呈现相应文字、图片中的物品种类、数量（比如下面的数米练习），有时候还可以呈现出物品的发展过程（比如下面方法三中的正方体的形成及展开）。

也就是说，视觉表象的丰富性不仅简单地体现在种类上，还体现在数量、结构、方位上。

那么如何来提升视觉表象丰富性呢？下面介绍三种方法。

方法一：图片训练

认真观察下面这幅图 10 秒，然后盖住图片，请尽可能多地说出图片中的物品。

注意：也可以选择其他物品种类较多的图片进行训练。

方法二：数米练习

抓一小把米（50 粒左右，如果孩子数起来困难就减少）洒在桌上，让孩子数 10 秒，然后说出米粒的数量。如果孩子能准确说出，说明他脑海中的画面非常清晰，每粒米的位置都很准确，视觉表象中的数量和方位较丰富。

方法三：屏幕训练

闭上眼睛，在大脑中想象出一块屏幕，屏幕中间出现一条黑色的直线，具体见下图。将直线弯曲成一个正方形，把正方形的面涂上绿色。把这个正方形慢慢扩展成一个正方体，黑色的边、绿色的面。打开正方体，让六个面平铺在屏幕上。在纸上，画出这个正方体的平铺图。

方法总结 **视觉表象丰富性训练**

1. 10 秒内观察画面细节

如本书中的数米法和图片训练法。如果 10 秒不够，可以延长时间至 1 分钟，或者选择简单的画面。类似的练习还有"找不同""走迷宫"等。

2. 屏幕训练

可以把任意立体图形展开成平面图形。如果孩子有困难，可以先动手进行纸盒的拆装练习。

5.3　从文字到画面——阅读理解提升训练

5.3.1　阅读理解与隐性学习能力的关系

本节提到的阅读理解，不仅包括语文、英语中长篇文章的阅读与理解，也包括历史、政治、数学、物理、化学中题干文字较长的题目的阅读与理解，不管哪一类，它们都有一个共同特点，那就是都有着较多较长的文字，都有着相对复杂的结构，段落或者句子间有严谨的内在联系，包括时间转换、空间转换、包含关系、递进关系等。

这类题目不仅需要孩子进行文字到画面的转换，更需要孩子能够从具象思维上升到抽象思维，对孩子的学习能力提出了更高的要求。

文本阅读的关键在于理解，怎么判断孩子是否理解了课文呢？关键看孩子能否完整、连贯地、用自己的话复述出课文内容。如果你认真阅读了前面内容，并且带孩子坚持完成了视觉表象激活的相关练习，那么恭喜你，孩子的视觉表象稳定性会很好，在本节的阅读训练中会轻松很多。

我们学语文，对于长点的文章都会分段，并且小结段落大意。这里用到的便是空间表征，利用空间表征，我们把大段的文字变成一个"点"（分段），然后再进一步抽象出段落的意思。

分完段之后，老师还会带我们找出文章的写作结构，是"总分总"，还是"分分总"，或者是"总分分"等，最后还要提炼中心思想。这就要用到完形能力，通过完形能力，我们找出了各部分间的联系。

孩子如果可以顺利完成以上任务，我们就可以说孩子基本理解整篇课文了。等到了小学高年级或者初中，阅读难度加大，比如增加文言文阅读，或者考查修辞手法的使用等，其实都是这些基础能力的延伸和深化。

本节以几何题的阅读和语文课文阅读为例来进行具体分析。

5.3.2　几何题阅读法

准备：数学本、几何题、愉快的心情

操作：

1. 选择一些几何题，同样建议从最基础的题目开始。我们以前面例举过的几何填空题为例，该题有三个小题，见下图。第一小题最简单，选择第一小题给孩子热身。

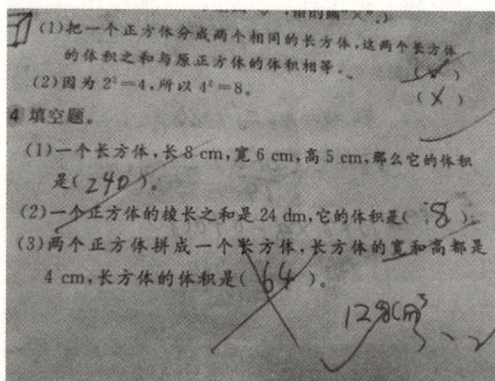

2. 将眼珠转向右上方，在大脑中构想出一个长方体，并且对长宽高分别进行标注：长 8 厘米、宽 6 厘米、高 5 厘米。

眼珠右上构想题目画面

3. 在空中想象一块黑板。这一步很重要，它可以帮助我们训练屏幕思维，并为下一步"空中算"做准备，不能省略。

在空中想象一块黑板，为下一步"空中算"做准备

4. 将眼珠转向左上方，回忆长方体体积公式，代入数值，在空中进行计算。

眼珠左上回忆公式，并进行"空中算"

5. 擦除空中的算式，把黑板收入大脑。

擦除算式，将黑板收入大脑

6. 在数学本上写出计算过程。如能轻松完成，则进行第 2 题。

7. 将眼珠转向右上方，针对第 2 题构想出一个正方体，并且根据题意标注棱长，回忆体积公式，代入棱长，计算体积。擦除空中的算式，把黑板收入大脑。想象或者用手比划都可以。如果孩子无法完成，可以通过画图或者提供模型，以此来演示给孩子看。

8. 在数学本上写出计算过程。如能轻松完成，则进行第 3 题。

9. 将眼珠转向右上方，结合第 3 题要求想象两个正方体拼接成一个长方体，长方体的宽和高都是 4 厘米，标注长方体的长。将眼珠转向左上方，回忆长方体体积计算公式。创建黑板，在黑板上计算。收起黑板，在数学本上写出计算过程。

10. 孩子熟练后，可以让孩子看图后直接报出答案，所有过程在大脑中完成。

方法总结 几何题阅读法练习要点

1. 选取练习题目时要遵循由易到难的原则，尽量从最简单最基础的题目开始。

2. 屏幕训练这步不可缺少。

3. 起始训练一定要注意眼珠左上、右上位置的变化，眼珠转向左上方，可以帮助孩子回忆知识或画面；眼珠转向右上方，可以帮助孩子构想画面。多次训练后，逐渐熟能生巧，最终形成解题心略。

4. 起始训练要配合书写过程，这样可以让脑海训练更加准确、精细。

5.3.3 阅读理解提升训练

同几何题阅读法一样，阅读理解提升训练也需要配合眼球转向左上或右上等不同位置来训练，以此来实现回忆内容、构想画面等功能。运用这种方法进行阅读，可以激活表象、完形能力和空间表征能力，进而形成准确的知识镜像。边阅读，边将眼球转向左上方回忆内容，转向右上方构想画面，这种方法可以更好地帮助孩子理解和记忆。下面就让我们选择一篇文章来试一下吧！

准备：文章、纸笔、愉快的心情

步骤：

1. 选择一篇文章，汉语、英语皆可。家庭训练中，建议从最基础的短文开始，等到孩子熟练掌握方法后，再提高难度。为了让孩子理解英文阅读的操作要点，在这里我们先选择一篇英文短文进行示范。

It's very hot. An old man is asleep on the chair.

A fly comes and sits on the end of the man's nose.

The old man has a naughty monkey.He chases the fly.

The fly comes back again and sits on the old man's nose again.

The monkey chases it away again and again.

This happens five or six times.

The monkey is very angry.

He jumps up, runs to the garden and picks up a large stone.

When the fly sits on the old man's nose again, the monkey hits it hard with the stone.

He kills the fly and breaks the old man's nose.

译文：

天气很热。一位老人在椅子上睡着了。

一只苍蝇飞来落在老人的鼻子上。

老人有一只顽皮的猴子。猴子在追打苍蝇。

苍蝇再次飞落在老人的鼻子上，猴子一再追打苍蝇。

这样往返了一次又一次，猴子很生气。

他跳着跑到花园，捡起一块大石头。

当苍蝇再次落到老人鼻子上时，猴子用石头击中了这只苍蝇。

他砸死了苍蝇，但同时也打破了老人的鼻子。

2．分段阅读，每读一段，眼珠转向右上方构想画面。

比如读完第一段，脑海里出现"一个老人在椅子上打瞌睡"的画面。

眼珠右上，针对第一段构想画面

然后再读第二段，脑海里出现"苍蝇落在老人鼻子上"的画面。

眼珠右上，针对第二段构想画面

注意：先不要让孩子翻译，直接在脑海里想象画面即可。如果孩子想象不出来，提醒孩子注意眼珠位置。如果孩子是因为看不懂单词才想象不出来，就让孩子查找字典，弄清单词的意思，然后再想象。其他段的操作方法同第一、二段。

3. 梳理视觉画面。把你脑海里的画面整理一下，看看哪些可以放一起，组成更准确、完整的画面。

孩子把每段对应的画面都想象出来之后，按照自己的理解整理，例如把第一段和第二段合并为一个画面，即为苍蝇落在一个打瞌睡的老人鼻子上。注意：让孩子尝试自己去梳理画面，即使你觉得不准确，也不要纠正。其他自然段的相关画面的梳理方法同第一、二段。

合并整理画面

4. 为每个画面，贴上记忆关键词。

现在脑海里有几个画面了？对于第一个画面，请从文章中选出一个词作为关键词并记录下来。后面几个画面的操作同第一幅。

孩子针对整理后的画面，按照自己的理解来选关键词，例如针对第一个画面的关键词，有的孩子选择了"fly"（苍蝇）。注意：这一步和上一步一样，同样让孩子自己尝试理解和选择，不要纠正。用同样的方法为其他自然段相关画面选择关键词。

5. 播放画面，并根据关键词复述课文。

现在在大脑中把所有的画面像电影一样播放出来，边播放边回忆关键词，在此基础上复述文章。

比如孩子由第 1 个画面及自己由该画面提炼出的关键词"fly"回忆原文，并口头表述基本大意。

A fly comes and
sits on the end
of the man's
nose.

根据关键词复述原文

注意：复述文章不需要和原文一样，意思对了即可。必要的细节部分，可以用提问的方式帮助孩子回忆或纠正。

6. 反馈改进。如果复述很顺利，你可以向孩子"请教"操作要点，以此来帮助孩子小结。如果复述不顺利，你可以和孩子比赛，然后分享你的操作过程，尤其是你的画面梳理过程和关键词选择。任何时候，只要你把孩子当作共同成长的伙伴，都会让教育事半功倍。

再次强调：英文阅读、文言文阅读同现代文阅读的操作步骤相同，千万不要把英文或者文言文翻译成白话文再进行背诵和理解，那是学语言最容易犯的错误。

文本阅读可以随时进行。很多家长非常重视孩子的阅读，但因为没有掌握文本阅读的方法，导致孩子只是记住了文字符号，而没有理解文章的含义，更谈不上感同身受了。所以会出现"读了很多书，却写不出作文"的情况。

阅读能力特别差的孩子，除了缺少文本阅读的方法外，更深层次的问题是，缺少真实的生活体验。这种情况下，即使眼球位置到位，孩子因为没有相关感觉记忆、没有体验可供激活，所以阅读能力也会比较差。很多家长送孩子上各类培训班，却发现孩子除了掌握技能外，并没有如家长所愿收获"灵气"，问题就出在这里。

表象源自真实生活，平时要和孩子一起去看、去听、去触摸、去感受，去生活。一句话：会生活，对生活有感触了，才更会学习，效果也才会更好。

方法总结　**阅读理解提升训练要点**

1. 阅读理解的目的在于理解，把文字转化成画面更有助于理解。

2. 篇幅较长的文章包含不止一个画面，这时就需要在脑海中对画面进行梳理，将这些零散画面整合成有意义的动态画面——脑海电影。

3. 英文的阅读和背诵，不要经过中文转换，而是要将脑海里的英文直接转换为画面进行理解。

第六章
记忆困难——听觉表象
向视觉表象转化困难

　　宁宁同学又一次因为考试时读题出声被班主任批评了。这已经是他开学一个月来，第三次因为考试发出声音而被批评了。

　　班主任还注意到，宁宁的考试成绩忽高忽低，很不稳定。就拿数学来说，开学4次周测，前两次都是90分以上，第三次掉到了75分，班主任为此和宁宁谈了话，结果第4次考试，宁宁居然"不遵守"纪律，嘴里一直说个不停。

　　班主任觉得宁宁学习态度不端正，有意违反纪律，于是把宁宁的妈妈请到了学校。结果，宁宁妈妈到学校后向班主任反映的情况，竟把班主任弄糊涂了——真有这样的孩子吗？

　　妈妈告诉班主任，宁宁从小学开始，做题时就必须读出声来，否则看不懂题目。小学一二年级时，很多考试不会做的题目，回家妈妈一给读题，马上就会了。三年级之后，孩子们认识的字多了，考试时都是自己读题目。但此时的宁宁还是习惯读题读出声，老师也提醒过、批评过，但只要他不出声，考试成绩一般都会很差。宁宁在家做作业也是喃喃自语，所有的思考过程都会说出来。妈妈也提醒过他，可他就是改不了。妈妈以为他可能是年纪小，自制力不够，想着进入初中就好了，但现在看来还是改不了。班主任听了宁宁妈妈的解释，回忆起宁宁日常的学习，确实像妈妈所说，思考时就得自言自语，上课琢磨一道题时，嘴唇也在不停地动，因此多次被同桌"投诉"。

　　宁宁到底怎么了？从平时的学习情况我们可以发现，宁宁不能把看到的文字符号转化为画面，也就是说只凭"看字"宁宁无法理解意思，他必须得读出声来，让语音转化成画面，这样才能理解文字的意思。宁宁最擅长的是听觉表象，孩子属于听觉型学习风格。听觉表象和视觉表象一样，对于学习都非常重要。我们生活中，像歌手、作曲家、钢琴家这样的人，他们的听觉表象都特别强，他们可以把声音迅速转化为画面和感觉。

宁宁接受了一个月的训练提升他的"听视觉转化能力"。通过训练，宁宁完全改掉了上课自言自语和做题时必须读题的毛病，学习成绩也稳步提升。

语言分为两类，口头语言和书面语言，前者是用语音传递信息，后者是用文字传递信息。孩子上课时多以听讲为主，听到一句话，脑海里出现对应的画面，由听觉信息转换为视觉画面，以此来实现最基本的理解。

例如，当你听到《我的祖国》这首歌时，脑海里出现"大河、稻田、艄公"的画面，也就说明你听懂了歌词。如果脑海里出现不了画面，而只有歌词的声音，那么你便没有理解歌词在说什么。

这种从听觉到视觉的转化能力，是学习的基础能力。案例中的宁宁过度依赖由听觉到视觉转化过程中的听觉功能，而没有进阶到"字词、画面和模型转化能力"，因此会在读文字理解题意时出现问题。

如果孩子的听觉表象和听觉视觉转换能力都特别差，那么就不只像宁宁这样成绩忽上忽下了，他的学习会非常困难。

我们周边有很多学英语的"困难户"，他们从来不开口读单词，背单词的时候用默写的方式死记，对于英语这样的表音文字来说，学起来自然很困难。大家都误以为是他们记忆力不好，其实是听觉表象能力和听视觉转换能力较差的结果。

听觉表象能力差会导致根本记不住读音，听视觉转换能力差则会导致发音和意思对不上，即理解不了意思。要解决这个问题，就要从听觉表象开始训练，补足短板。那么如何训练听觉表象呢？这一章就教大家几招。

6.1　听觉表象丰富性的判断

忽一人大呼："火起"，夫起大呼，妇亦起大呼。两儿齐哭。俄而百千人大呼，百千儿哭，百千犬吠。中间力拉崩倒之声，火爆声，呼呼风声，百千齐作；又夹百千求救声，曳屋许许声，抢夺声，泼水声。凡所应有，无所不有。

——节选自《口技》

听力正常的人能够听到的声音范围基本相同，但听觉表象的丰富性会让不同人的感受有很大不同。上面内容节选自《口技》，它描述了口技演员模仿市井失火时的各种声音，有人声、犬吠声、建筑崩塌声、燃烧物爆裂声和风声，口技演员之所以能把这么多声音都模仿得栩栩如生，一是因为他对生活观察得非常细致，真正用心聆听过许许多多的声音；二是因为他的听觉表象非常丰富，可以精准回忆出听过的声音，只有回忆准确，才有"原版"可以模仿。

生活中，我们发现不同孩子听觉表象丰富性有所不同，像宁宁这样的孩子听觉表象非常丰富,不但可以清楚地回忆起不同的声音,而且可以分辨出同一个声音的细节变化,从而更容易理解别人的情感,他若参加演讲或者朗诵比赛时，能把文章演绎得非常动人。而有些孩子，说话声音非常单调，没有情感起伏，朗读和背诵都很困难，这些孩子往往听觉表象丰富性不强，进而影响了他们对读音的回忆、模仿和文章情感的理解。

那么如何判断孩子听觉表象是否丰富呢？既然听觉表象是一个人回忆自己听过的声音的能力，那么回忆出来的声音越丰富，说明他的听觉表象丰富性越好。最简单的操作就是让孩子回忆放学路上或者其他某一场所自己听到了什么。

1. 听觉表象丰富性的日常判断

第一步，请孩子放松地坐在椅子上，做几次深呼吸。

第二步，请孩子回忆自己放学回家路上听到的声音，不用模仿，指出有几种即可。

如果孩子说没听到什么声音，或者听到了想不起来，说明孩子的听觉表象丰富性不强。能回忆出 3 ~ 5 种声音，说明孩子的听觉表象丰富性良好。能够回忆出 5 种以上，甚至可以精准模仿，则说明孩子的听觉表象非常丰富。

如果你发现孩子的听觉表象非常丰富，那么可以继续问孩子上课时老师的讲课内容，以此来判断孩子能否将听觉表象用在言语理解上。

2. 听觉表象丰富性判断提高版

第一步，请孩子放松地坐在椅子上，做几次深呼吸。

第二步，听一段人物对话，请孩子指出他听到了几个人的声音，每个人的声音有哪些变化（语气）。

如果孩子不但能明确指出对话中有几个人的声音，还能分辨出声音的变化（语气），说明孩子的听觉表象很丰富。

方法总结 **听觉表象丰富性的判断**

第一步，请孩子放松地坐在椅子上，做几次深呼吸。

第二步，请孩子回忆某一场景下自己听过的声音，能分辨的声音越多、越细腻，说明孩子的听觉表象越丰富。

6.2 增加听觉表象丰富性的日常训练

在学校，老师上课主要通过"讲课"这种语音形式来呈现，讲课时的语音一般无法重复。如果孩子的听觉表象激活差，就很难记忆和理解老师的课堂内容。特别是上网课的时候表现更明显，没有了课堂上面对面的互动，很多孩子上网课都是懵的状态。很多家长感叹自己家孩子上网课"心不在焉""两眼发直"，以为是态度问题，其实是听觉表象没被激活。试想，有人大段大段地和你说话，但你听到这一句想不起来上一句，这种状态怎么可能持续地听下去呢?

听觉表象和我们生活的环境密切相关。如果生活的环境中声音类型丰富，那么孩子的听觉表象一般都会发展地比较好。比如音乐家的孩子，由于他们从小生活在音乐氛围浓厚的环境下，所以他的听觉表象就会发展得很好，为什么现在好多孩子听觉表象激活不充分呢？听觉表象是大脑对声音的再现。听觉刺激的丰富性和细腻性是听觉表象形成的关键。自然界中和我们生活场景中发出的各种各样的原声最具丰富性和细腻性。和原声相比，电子模拟的声音再逼真，也达不到原声的丰富和细腻程度。同时，电子设备中的声音，以语言刺激为主，进一步限制了听觉表象的内容。久而久之，大脑的听觉记忆就会变得很单调，有的孩子脑海里会不断地回响起电子音乐、歌声或者父母老师的说教，它们严重干扰了孩子对其他听觉刺激的注意、储存和回忆。

如何训练孩子的听觉表象呢？最简单的方法就是回归自然，引导孩子去倾听和回忆自然界的声音，比如仔细倾听并模拟风声、雨声、鸟鸣声、海浪声、雷声等。

方法总结 **听觉表象丰富性的日常训练**

第一步，感受自然界的声音。

第二步，模拟出自然界的声音。

每天睡前一次，模仿的自然界的声音种类越多越好。

6.3 从声音到画面——背诵能力提升训练

6.3.1 背诵现状

现在的小学低年级，几乎每篇文章老师都要求背诵，同时还有大量的课外古诗词也需要背诵。除此之外，英语需要背诵的内容也很多。进入中学后，历史、政治等学科的学习也需要大量记忆……

随着年级的不断增长，孩子需要背诵的内容逐渐增多，由此给孩子带来的背诵压力也越来越大。对于背诵困难的孩子来说，这更是一条无法跨越的鸿沟。我有一个朋友的孩子就是如此，进入初中后，每天背诵都要背到凌晨。另外，初高中生中有许多理科很强、但英语很差的孩子，他们英语成绩之所以差，有很大一部分原因就是差在了背诵能力上。

背诵能力其实与听觉视觉转化能力有关，听、视觉转化能力差会让背诵难上加难。

6.3.2 什么才是真正的"背会"？

本节练习适用于"不会背诵"和"会背不会用"的孩子。真正"背会"不仅体现在会背原文上，而且体现在"会用"上，这种运用是建立在理解内容基础上的运用。

对于"不会背诵"的孩子，当然需要进行提升训练。对于"会背不会用"的孩子，也许他的背诵能力很强，但也需要进行相应的训练，孩子之所以"会背不会用"（比如会背课文但理解不了意思，会背诗歌但不会写作文等）主要是因为孩子听觉表象向视觉表象转

90

化困难，他们只记住了语音却不会构想画面，因此需要进行听、视觉转化方面的训练。

6.3.3　背诵与隐性学习能力的关系

从字面来看，"会背诵诗歌"是指可以不看文本，一字不差复述出诗句，但背诵不是鹦鹉学舌，背诵诗歌的同时，我们大脑中会出现诗歌描写的景物，会感受到诗人抒发的感情，有时还会联想到自己相似的经历。真正诗歌背诵得好的孩子，还会借用诗歌来写作文。背诵不仅与表象系统有关，而且与镜像、完形以及空间表征都有联系。

语音复述准确，需要收听声音和回忆声音，对应的是听觉表象，只有听觉表象准确了，大脑里才会储存准确的语音镜像，进而形成准确的知识镜像。

默写和理解意思，都需要画面来对应视觉表象，但二者又有所不同。默写需要对字形形成视觉表象，而理解意思要形成的视觉表象则更为复杂。要理解景物描写，则需要回忆画面或者构想画面；要理解场景描写，则需要激活画面、声音、感觉所有的表象；要理解诗人的情感，则需要理解当时的历史或者创作背景，把诗句的内容和诗人的经历联系起来，此时需要完形能力和空间表征能力，这两种能力我们会在后面章节为大家具体阐述。

下面我们结合《夜宿山寺》这首诗来看下背诵与隐性学习力到底有怎样的联系。

夜宿山寺

危楼高百尺，

手可摘星辰。

不敢高声语，

恐惊天上人。

这首诗虽然只有四句话，但每句话都是一个画面，四句话串联起来是一个完整的意象——极高的楼，极安静的夜晚，极有趣的经历。这种将几个单独画面组合成一个完整故事的能力就是完形能力。如果孩子在背诵完这首诗之后，将整首诗的语言"压缩"成一个点，再总结出描写手法——夸张，用到的就是空间表征能力。如果希望孩子将诗词和自己的生活联系起来，此时就需要激活孩子的知识镜像了（知识镜像相关内容会在后面章节为大家具体讲解）。

所以背诵可不仅仅是"多读几遍，自然会背"那么简单，如果忽视背诵的本质，那么孩子可能只停留在机械记忆层面，枯燥单调的重复，很可能会让孩子厌恶背诵，长此以往，孩子一遇到背诵的内容，便会产生厌恶情绪，从而形成条件反射，这样对孩子的学习是非常不利的。

6.3.4　背诵的操作方法

我们这里讲的背诵方法，还是需要结合眼球转向不同位置来进行，这样的背诵不仅可以激活表象，而且对提升完形能力和空间表征能力也很有帮助，从而形成准确的知识镜像，这样孩子才会背得更快、记得更牢。同时还有一点，就是要让孩子把诗歌和自己的生活经验联系起来，它不仅可以拓展孩子的思维，而且也是一种很好的文学赏析方法。

准备：背诵材料和练习本

操作：

1. 阅读与想象。

如果是诗句，每读一句，眼珠朝右上构想画面或者左上回忆画面。如果想不出来，而诗文旁又有配图，可以参考诗文旁边的配图来想象。

如果是文章，那么针对每一段想象出画面。

如果是单词，那么可以针对每个单词想象出画面或感觉。

2. 大声朗读，直到非常熟练。

3. 背诵。眼珠朝左中，回忆声音，背诵内容。

4. 空中写。在空中书写文字，写并回忆对应画面。

5. 默写。在纸习本上默写文字。

方法总结 **声音画面记忆法**

第一步，阅读文章、诗句等内容，分段想象画面。

第二步，大声朗读，直到熟练。

第三步，眼球左中，回忆声音、背诵。

第四步，想象画面，在空中写出对应文字。

第五步，将背诵内容默写在本子上。

PART 3
"对症下药" 之进阶篇

读不懂题

字词、画面和模型转换困难.

你真的"学会"了吗？这主要取决于知识镜像化程度。

5+3 = 8
8-5 = ?

??

第七章
写作真难——
感受和符号缺乏联通

　　娅娅的妈妈是小学老师，从幼儿园开始就培养孩子每天朗读和背诵的习惯，等到娅娅上小学会写字了，又要求娅娅摘抄好词好句。现在娅娅五年级了，好词好句已经积累了厚厚几大本。三年级之前，娅娅的看图写画常常被老师读给同学听，丰富的词汇、优美的文字让同学们非常羡慕。从三年级开始，妈妈发现娅娅在进行语文考试时，如果考课内阅读，几乎全对；如果考课外阅读，娅娅的错误就很多，好像难以理解文章意思。慢慢地，语文老师也说娅娅作文不用心，内容没有真情实感，好像在凑字数似的，不仅如此，老师还反映孩子上课时小动作也多起来了，好像总在走神。娅娅妈妈观察了一段时间，发现娅娅在完成课外阅读或者写作时，经常对着书本发呆，但做课内阅读却写得很快。娅娅妈妈觉得很奇怪，孩子也不像是不认真，平时也挺爱读书的，平均一周一本，边读边积累好词好句，怎么会写不出作文来呢？

　　在给娅娅的辅导过程中，妈妈发现"孩子会背，会默写，但是不会复述"。这种情况是不是很熟悉？通过前面章节，我们已经了解到阅读理解与文字转换为画面的能力有关，当读到一段文字时，如果头脑里没有对应的画面、声音、场景，那么我们是很难理解的。读故事比读哲学书籍容易很多，正是因为故事的语言是具体的，很容易在脑海里形成画面，哲学书籍高度抽象，理解起来就很困难了。而写作与阅读理解正好相反，它是把脑海里的画面、声音、场景、想法等转变成文字，然后再把文字按一定的顺序编排，以此来表达一个完整的意思。写作与隐性学习能力中的表象系统和完形能力息息相关。

一二年级看图写话时,画面一般都是现成的,孩子只要从脑海里调出对应的文字匹配上图片内容就可以了。三年级不同于一二年级,孩子们开始接触命题作文,这类作文一般没有图片,只有一个标题,孩子们需要在只有标题的情况下把与标题相关的故事或者自己的感受等内容写出来。

娅娅读了许多书,也积累了大量的好词好句。但那些词句是作者看到、听到的感受,而不是娅娅自己的感受。同时,娅娅在实际生活中也没有注意过自己的感受,这就导致发生过的事以及自己的所感所想最终全部"尘封"在脑海里。这种情况下,孩子在写作和阅读时,就只能"发呆"了。

前面几章,不管是背诵,还是阅读,都在强调孩子的眼球转动位置,有的家长觉得不理解。之所以强调它,是因为人的眼球转动位置和大脑的思考方式有密切关系。其实生活中我们也有过很多经验,比如孩子盯着前方眼珠不转,我们便知道他在发呆了。那么眼球转动位置和大脑的思考方式到底有怎样的关系呢?接下来我们先认识一下大脑。

7.1 认识我们的大脑

人的神经细胞又叫神经元,神经元间联结成网状,从而形成神经网。神经网络越发达,大脑储存和处理信息就越容易,也就越容易学习新知识。你可以想象一张全国交通路网图，网络越密集越复杂，传递信息就越方便快捷。同时，外界的刺激越丰富，神经元联结就会越复杂、越紧密，你想象中的这张网就会更密集。表象系统是接受外界刺激的系统，包括视觉、听觉、感觉三种，而镜像神经系统则是储存和理解信息的神经网络。

神经网络

根据不同的功能，大脑分为三个区域。

第一个区域是大脑的脑干区，被称为生理脑，主要负责生理功能的调节，比如呼吸、心跳、内脏运转等，这些功能都由脑干来控制。

第二个区域是边缘系统，被称为情绪脑，它主管人的本能情绪，比如喜、怒、哀、惧等。

第三个区域是大脑皮层中的额叶部分，主要是前额叶，主管规划和思考，称为理智脑。

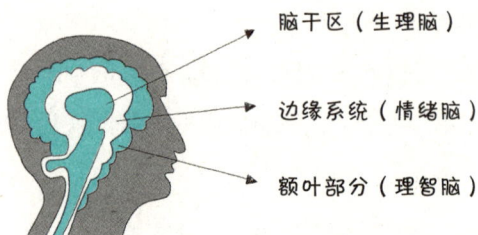

脑干区（生理脑）

边缘系统（情绪脑）

额叶部分（理智脑）

大脑分为三个区域

如果想让大脑进入理性思考状态，那么必须对生理脑和情绪脑加以抑制。试想如果孩子呼吸急促、情绪激动，在这种状态下怎能静下来思考？！管理好生理脑和情绪脑对于理性思考非常重要。

边缘系统储存着情绪记忆，情绪很容易被再次唤醒。比如孩子某次考试考得很差，情绪低落，但一直没有被理会过。到了下次考试，孩子可能再次出现厌恶、恐惧的情绪，这种情绪会引发与上一次考试相同的行为，比如大脑一片空白，自言自语"完了完了"等，从而再次出现考试失利。

学习也一样，如果孩子在学习时常常被监督、批评，那么对于学习，孩子大脑中几乎全是负面情绪，如恐惧、厌恶、烦躁等。孩子一学习，就会唤醒情绪脑，理智脑自然无法工作，也就没有学习动力。

结合上面情况，很多时候，家长和老师都要求孩子冷静、多思考，唤醒理智脑，但对写作来说，这还远远不够。作文需要有感而发，如果孩子调动不出自己的情绪和感受，那么写出来的文章便会像流水账一样，难以触及人心。

其实，大脑皮层除了额叶主管理智外，还分布着各种感觉和联觉中枢。阅读时由文字到画面的转化，就需要调动这些中枢。例如"梅花香自苦寒来"这一诗句，如果只有视觉中枢被调动起来，那么就只能看到这行字；如果充分调动视觉、听觉、感受等中枢，则可以在脑海里看到"梅花"，闻到"香味"，感受到"寒冷"，它们串联成了一幅动人的图景，所有这一切被额叶捕捉到，孩子才能体会到诗句背后的哲理。

如果孩子只习惯运用一种中枢，那就容易形成单一的学习风格。隐性学习能力是建立在整个大脑协调使用基础上的学习能力，提高隐性学习能力，必须要唤醒大脑的所有部件。幸运的是，大脑主管眼球不同位置的神经网络和视、听、感各大中枢神经网络是互相联系的，这样，随着眼球转向不同位置或方向，大脑所对应的那部分功能便会被唤醒。比如我们倾听到一种声音，不管是领导安排工作的说话声，还是马路上呼啸而过的汽车声，或者是夜晚淅淅沥沥的雨声，眼珠都会向眼部右中位置转动。反过来，当你将眼珠停留在眼部右中位置时，听觉中枢的"听外部声音"的功能便会自动开启。所以将眼球转向不同位置或方向（比如右上，左中，左下等），可以唤醒大脑对不同类型信息的处理功能（如构想画面，回想声音，自我确认等）。

7.2 眼球操，唤醒大脑第一步

7.2.1 眼球操的适用范围

从一定意义上说，只要大家知道如何解读眼球位置，就可以很方便地判断孩子的学习风格和学习心略，在此基础上通过改变孩子眼球位置的停留习惯，来激活孩子的表象系统，调整孩子的学习心略。

眼球操的主要内容包括眼球位置解读、眼球位置转换练习和常见学习心略三个部分。三部分内容中，眼球位置解读是核心原理。大家可以先学习读图，再自行画图，熟记眼球六个位置的含义，之后根据孩子眼球操练习的结果，结合孩子在表象激活和学习心略上出现的问题，再进行眼球转换和学习心略方面的练习。

心略，是指一个人行为的决策过程。这个过程是在潜意识里自动完成的，我们通常是觉察不到的。学习心略必须在学科知识镜像和学科思维模型的基础上实现，每个心略元素（表象）背后都有思维模型支撑，而且表象激活和表象的转换之间，需要有空间表征、完形能力和知识镜像相匹配。虽然孩子的思考过程都在大脑中完成，是内隐的、难以觉察的，但我们可以通过外显的眼球位置来推测他的思考过程，进而了解到孩子的心略。比如他的眼珠位置变化是从左上到右下，那就意味着他先回忆了学过的知识或者题型，然后再确认并动手做。学习心略的调整建立在眼珠位置调整基础之上。

眼球操适用于平时生活体验丰富，但学习时无法提取表象内容，也就是不会通过转动眼球来进行感受或思考的孩子。

比如本章案例中的娅娅，喜欢阅读，但不会写作，主要就是因为孩子不会通过转动眼球来提取表象造成的。再比如有些孩子擅长搜集信息，却不擅长回忆信息，这样，往往会出现上课都听得懂，课后却想不起来讲课内容的情况。这类孩子眼珠习惯看右中——收听声音，而不擅长向左上和左中——回忆画面和声音。这就需要加强眼球向左的训练。到了初高中之后，有些孩子偏科非常明显，比如理科好的孩子，眼珠习惯从左上方移向右下方，先回忆学过的知识或者题型，然后动手做。而在遇到文科题目，尤其是政治、历史题时，会不知所措，他们的眼珠一般不习惯看右上方去构想画面，不会通过构想画面把课本上的相关知识转换为具体解题措施。这样的孩子需要两种训练，一是眼球操练习，让孩子习惯所有的眼球位置；二是进行针对性的学习心略方面的练习，比如文本阅读的心略练习，让孩子熟练掌握科学的学习心略。接下来，让我们一起来认识一下眼球操。

7.2.2　眼球操训练

眼球位置解读图

构想画面　回忆画面
收听声音　回忆声音
感觉　自我确认

上面这幅图你在第二章中就已经见过，本节我们将详细为你解读图中眼珠转向不同位置时它所代表的意义。这是一张面向你的脸，左右方向刚好和你的左右方向相反。

当眼珠转向左上方时，代表回忆画面。比如回忆课堂上老师的板书，读题后大脑中回忆文字，春游后回忆当时的画面等，这些时候你将眼珠转向左上方进行回忆更科学，效果也更好。

当眼珠转向右上方时，代表构想画面。比如把文字描述的内容想象出来，将几何图形旋转变形等，此时最好将眼珠转向右上方，这样构想效果会更好。

当眼珠转向左中方时，代表回忆声音。比如学习外语时需要准确地跟读语音，此时要将眼珠转向左中，这样能更准确地回忆出原音。

当眼珠转向右中方时，代表收听声音。比如进行英语听力测试时，将眼珠转向右中，这样收听效果会更好。

当眼珠转向左下方时，代表自我确认。当孩子沉浸在自己的世界里，自我对话时，不经意间眼珠会转向左下方。

当眼珠转向右下方时，代表感觉。眼珠位于这个位置时，孩子会对触觉、味觉等感觉特别敏锐。比如你在仔细品尝美食的味道时，不经意间会将眼珠转向右下方。另外，感觉型学习风格的孩子，眼珠多习惯于朝左下和右下方，他们对环境特别敏感，好动且不听指令。

了解了眼球转向不同位置所代表的意义，接下来我们来亲自体验一下吧。

准备：了解下面的眼球训练方位图，图中共有9个方位，一个序号代表一种方位。①代表右上方，②代表正上方，③代表左上方，④代表右中方，⑤代表正前方，⑥代表左中方，⑦代表右下方，

⑧代表正下方，⑨代表左下方。准备体验不同的眼球位置。

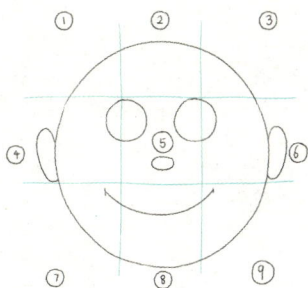

眼球训练方位图

1. 控制眼球在上述九个位置各 30 秒，体验舒适感差异及内心感觉差异。

当眼球在②⑤⑧这三个位置时，大脑是放空的，也就是我们常说的大脑空白。其他六个位置均与表象系统激活有关，哪个位置最不舒服，就说明与之对应的表象激活较差，需要加强练习。

2. 尝试思考或解答一个问题，切换眼球转动方位，感受思考方式的变化。比如孩子在解数学题时，如果眼珠直视前方，那么很有可能他的大脑并没有运转起来，这种情况下很难想出解题策略。这时，可以提醒孩子眼珠看左上、左中，去回忆学过的知识。

眼球操具体操作方法：

按下面图示箭头方向转动眼球（每个方向 6 次），每天早晚各完成 3 组，直到孩子每个方向都非常熟练。

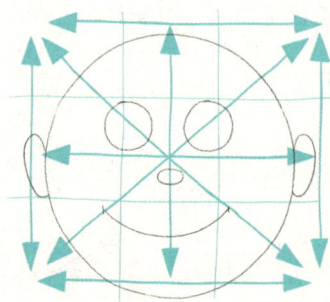

眼球操操作图

熟悉后，可以进行眼动（眼珠运动）方式练习，按图式箭头方
向转动眼珠，找出转动最不舒服的方向，然后每天在该方向上转动
三组，每组6次，直到所有方向都很舒服为止。

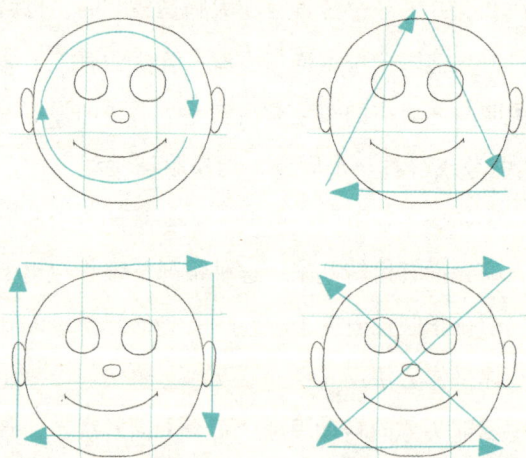

眼动方式练习图

眼球的位置和大脑的思考方式是一一对应的关系。

眼球关键位置一共有六个，左上对应回忆画面，右上代表想象或构想画面；左中代表回忆声音，右中代表倾听声音；左下代表自己在做决定，右下代表对外部的感觉。

眼珠在这些位置的连线上来回转动，可以唤醒大脑，以此发展成为综合型学习风格。

7.3　唤醒感受，激发写作动力

在平时生活中，正常人的表象系统几乎每时每刻都在收集外界信息，但绝大部分时候我们却不会利用它去学习。很多孩子害怕写作文。学校通知明天去春游，孩子特别开心，老师加一句春游回来后要写一篇游记，孩子立马就蔫了。

为什么会这样呢？为什么他玩得很开心，却写不出文章来？这是因为他的观察只停留在表面，对于游玩过程中的种种经历，他并没有进行深刻的观察、体会和感受，也没有办法整理自己的语言，做出准确的表达。那该怎么办呢？我们可以帮助孩子唤醒感受，激发学习动力。

在学习力训练课上，我给每个孩子发了一小包葡萄干。有的孩子拿到后立刻就开始吃了。等他吃完，让他写作文，写一写吃葡萄干这件事，他傻眼了，开始就写了一句话："我有一颗葡萄干，甜的。"还有一个孩子，写了两句话："老师上课的时候给我们吃了葡萄干，葡萄干是甜的。"

怎样才能让孩子生动形象地把"吃葡萄干"这件事写出来呢？

首先得让孩子的心静下来。

在这里，我让孩子跟着我做了"气球操"，也就是把肚子当成气球，先呼气，用力呼气，给"气球"放气，气放完之后，再自然吸气，让"气球"自己鼓起来。这其实就是数呼吸的基本操作，不过不用刻意去记呼吸次数，只要关注肚皮的变化即可。

然后，让孩子去观察葡萄干。当然，这个观察也是有技巧的，要讲究先后顺序。

先让孩子自己认真观察一分钟，然后把他看到的写出来。对孩子来说，一分钟的时间挺长，他们会用各种各样的方法去观察。有的孩子会把葡萄干放在眼前，仔细看它的外部形状；有的孩子会对着亮光去看；还有的孩子会把葡萄干掰开去看里面的结构。

观察一分钟之后，让孩子把葡萄干放在耳朵旁边，继续去听一分钟，之后，是闻一分钟，最后是仔细品尝一分钟。所有的感觉都体验了一遍，之后让孩子把所有感受都写下来。

在这个过程中，孩子边玩边写，觉得特别有意思，各种感受都被唤醒了。仅仅一次激活还不够，关键要让孩子从根本上掌握"唤醒感受"的写作方法，所以还需要孩子按一定的标准给自己的文章打分。这属于自我监控，自己给自己打分，就能意识到怎样写分数才能高。

那怎么打分呢？我们结合下面表格一起来看下。

文章1　我上课吃了一粒葡萄干，好甜啊。

感觉或感受（每种 10 分）		关键词语（每个 5 分）	
视觉	0	0	
听觉	0	0	
味觉	10分	5分（甜）	
嗅觉	0	0分	
触觉（包括动作）	0	0分	
心情或者想法	0	总分	15

这是孩子第一遍完成的作文。写完后，发现其他孩子得分都比自己高，要求再写一次，便有了下面的文章2。

文章2　我有一颗葡萄干，它是绿色的，看上去皱巴巴的，表面有些凹凸不平，闻上去有股酸酸的味道。我掰开它，发现里面是淡绿色的，用舌头舔舔，是甜的。我喜欢吃葡萄干。

感觉或感受（每种 10 分）		关键词语（每个 5 分）	
视觉	10	5+5+5（绿色、皱巴巴、淡绿色）	
听觉	0	0	
味觉	10	5（甜）	
嗅觉	10	5（酸酸的）	
触觉（包括动作）	10	5+5（凹凸不平、掰、舔舔）	
心情或者想法	10	总分	85

第二遍多写了几句话，就拿到了85分，孩子兴奋极了，要求继续写下去，便有了下面的文章3。

文章3　刚上课，老师就给我们每人发了四颗葡萄干。我拿起一颗，是青绿色的，还有点发黑，表面有很多皱纹，像老人的脸。对着光一照，是半透明的。我轻轻咬了一下，里面是嫩绿色的，好漂亮。我用力闻了闻，有点酸酸的、甜甜的味道。老师还让我们听一听，没有声音，也许它睡着了。离得越近，甜甜的味道越浓，我把它放在嘴里，感觉有点硬，不光滑，也没什么味道。轻轻咬开，皮比较干，肉软软的，又甜又香。原来葡萄干这么好吃！我又拿起一颗葡萄干，它笑眯眯地看着我，好像在说："快来吃我吧！"。葡萄干，我来啦！

现在你体会到唤醒感受对写作的巨大影响了吧，它本质上是通过激活表象系统来帮助孩子实现表达的。我们在平时的上下学路上，吃饭的时候，逛超市的时候，出去玩的时候，都可以尝试用这样的思路和孩子去交流：你看到了什么？听到了什么？闻到了什么？摸到了什么？尝到了什么？感受到了什么？所有这些都让孩子自己去体会一下，表达一下，这不仅让孩子写作的时候有素材可用，有话可说，而且也会使孩子感受到更多生活的乐趣。另外，唤醒感受对于治疗抑郁症也有非常好的效果。总之，唤醒各种感受，对于人的成长好处多多。

方法总结　唤醒感受写作法

1. 从视、听、味、嗅、触等角度触发或者提取自己在某件事中的感觉、感受。

2. 用文字记录这些感觉、感受。

3. 对照评分标准打分。感觉、感受越丰富，得分越高。

7.4 串联感受，用文字再现场景

7.4.1 写作条理不清与完形能力的关系

通过唤醒感受，孩子们可以突破头脑里既定的套路，进入到身心的体验中去，作文不再是"要我说"的被动状态，而成了"我要说"的主动状态。表象系统的启动，会让孩子们感受到写作的乐趣，也有内容可以写了。孩子从"不会写"到"写得出"，这是一个巨大的进步。同时，你可能也会留意到另一种情况：有些孩子说话滔滔不绝、绘声绘色，但天马行空，别人很难听懂他想表达什么意思。除此之外，还有些孩子在写作文时不喜欢加标点，也没有什么顺序。从"写得出"到"写得顺"，还需要对感受进行串联和排序，让文字可以有序地再现整个场景，而不只是聚焦在某种感受上，这时就需要用到另一种隐性学习能力完形能力了。

看到下图中残缺的圆，你有没有补上一笔将其画圆满的冲动？右下方的图片，到底是花瓶，还是两张侧脸？

人脑有完善事物的强烈倾向，它可以将看似无关的部分"完形"成整体，这种能力就是完形能力。正因为有了完形能力，我们在学

习中，才会有"顿悟"的感受——原来迷惑不清的碎片内容，突然变成了一个系统、完整的整体，知识瞬间清晰明确起来。除此之外，我们还有过这样的感觉，如果一件事没有做完，那么它会一直在脑海里挥之不去，让人感觉很不舒服，这其实是大脑发出的"完形"信号。如果孩子完形能力激活不够，那做事便很容易虎头蛇尾，没有规划，做到哪算哪，比如写作文没有结尾，写到哪里算哪里。出现这些问题，你会误以为是马虎、不认真造成的，但从根本上讲，却是完形能力不足所导致。

"完形"不只体现在表面的视觉认知上，对于具体事物的认知，它会将视觉认知与脑中已经储存的其他认知、印象、经验等信息相整合，整合过后才是我们最终认识到或感觉到的事物。

7.4.2　激活完形能力的方法

方法一　视觉完形训练

例1　仔细观察下面图片，把你能看出的形状或字母描出来。

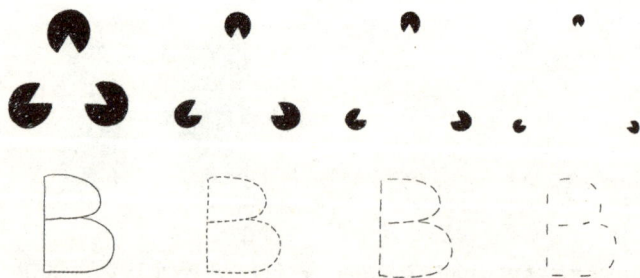

这些图看上去是不是很眼熟？它们经常出现在孩子们的画图游

戏中，描绘这类图片可以激活大脑完形能力。

例2　尝试在右图中尽可能多地找出人脸。

这种图片经常会出现在"看你能找出几张脸，测一测你有多聪明"的标题下，现在你明白了吧？它考查的其实是你的完形能力。

完形能力不仅能被运用于具体事物，而且能帮助我们解决抽象问题，比如下面例3。

例3　1, 1, 2, 3, 5, 8, 13……观察这串数字，找出它们的规律。

对于上题，是不是更熟悉了？从小学数学考试，到公务员考试，都有这类题目。要解决好它们，也要用到完形能力。一个人完形能力越强，那么他在学习新知识时也就越容易"恍然大悟"。

完形能力不仅能再现完整的事物，而且角度不唯一。比如下面例4中编故事的角度。

例4　仔细观察下面图片，尝试从不同的角度编故事。（角度提示：可以从保护视力、学习态度、卫生习惯等角度来编写）

完形能力的激活练习除了可以提升学习能力，还有利于情绪管理和未来规划，这些内容会在后面章节陆续为大家介绍。

方法总结 **激活完形能力的方法**

1. 视觉完形训练：通过连点成图、找出"看不见的图形"这类练习来激活完形能力。

2. 顿悟激发："找出照片中有多少张脸"这类是最简单的画面顿悟练习。除此之外，在整幅画中找出符合某一特点的小画面、数字规律和看图编故事，它们也是不错的练习，并且这些练习的侧重角度有所不同。

要点：完形能力激活，重点在于找出不同事物间的关系。只要孩子能找出关系即可，不必拘泥于是否符合常理。

7.4.3 用串联感受法写作

完形能力的激活与提升对于写作非常有用，它可以帮助孩子更好地串联各种感觉。下面我们就来介绍一种特别好用的写作方法——串联感受法。

准备：在安静舒服的房间，准备好纸、笔。

操作：

第一步，静心呼吸。做数次深呼吸，直到自己完全平静为止。写下文章标题。

第二步，明确作文内容是自己的亲身经历，还是虚构想象。

第三步，唤醒感受。

1. 看到标题后，将脑海里出现的第一个"声音"写下来。

2. 从视、听、味、嗅、触五个角度唤醒感受，添加内容，并形成单幅画面。

第四步，串联感受，再现画面。

尝试从不同角度去串联画面。比如从自身角度，从对方角度，从叙事人角度去串联画面，形成故事，并讲出来。

在讲故事的过程中，孩子能够体会到不同角度下不同人物感受的差异，根据这个差异，修改文章结构和顺序。

第五步，角色换位，润色加工。

把自己想象成老师，批改作文，感受老师会欣赏什么样的词语和表达，并对作文进行润色加工。

为了便于理解和操作，我们结合案例来体会一下这种写作方法。

　　这次的小练笔是"写一篇和家人之间深挚情感的作文"，这种作文是小宜同学最不擅长的类型。如果是写一写好吃的食物、好玩的地方，这些都难不倒她，但是描写"情感"，小宜可要发愁了。接下来，我们让小宜用"串联感受法"试一试吧。

　　第一步，静心呼吸，写下文章的标题。

　　带着满脑子"怎么办啊，完了完了"的担心，小宜坐到了书桌前，认认真真地做了数次深呼吸。在腹部起伏的同时，小宜的身心变得宁静，思绪也开始自如，脑海里出现了妈妈的唠叨，她在本子上写下"妈妈的唠叨"五个字作为文章的标题。

　　第二步，明确作文内容是自己的亲身经历，还是虚构想象。

　　小宜想：母亲可是天天和自己在一起的人啊，我要把一些真实的、有意义的事情记录下来，于是明确了作文内容来自自己的亲身经历。

　　第三步，唤醒感受。

　　1. 看到标题后，将脑海里最先出现的"声音"写下来。

　　小宜在标题下面写道：

　　小宜，今天要降温，多穿点衣服。

　　小宜，多吃点饭菜，别挑食。

　　小宜，早点睡觉，别磨蹭。

　　2. 从视、听、味、嗅、触五个角度唤醒感受，添加内容，形成单幅画面。

唤醒前：小宜，今天要降温，多穿点衣服。

唤醒后：

视——今天早上我正准备出门，妈妈突然拿着外套，冲到我面前。

听——声音特别大地对我说："小宜，今天要降温，多穿点衣服。"

味——无。

嗅——我闻到她身上一股调料的味道，好难闻。

触——妈妈把衣服给我套上，全身很难受，好像绑了什么东西。

第四步，串联感受，再现画面。

小宜通过第三步，添加了内容，但还是处在简单的记叙层面。由于小宜处于自身视角，所以她体会不到妈妈的爱，脑海中的回忆还没被充分唤醒，不够细腻。这个时候我们可以用串联画面和变换语气的方式，引导小宜换位思考。以第一幅画面"加衣服"为例。

站在自己角度：今天早上出门，我妈非要我穿外套，她总是这样管东管西，还唠叨，真烦人。

站在妈妈角度：今天降温了，我看小宜穿短袖出门，担心她冷，就拿了件外套给她套上，可孩子不乐意，看来青春期真到了。

站在叙述人角度：今天小宜早上出门，妈妈怕她冷，让她穿外套，她觉得没必要。

第五步，角色换位，润色加工。

我的妈妈特别爱唠叨，每天都要唠叨无数次，真让人烦心。

今天早上，我正准备出门，妈妈突然冲到门口，拦住我，从肩头一把拽下书包，给我套上校服外套。今天明明是不用穿校服的日子，我特地和好朋友约好穿闺蜜装的，这下又被妈妈强行套上了校服。穿好校服后，妈妈又给我背上书包，嘴里还唠叨着："小宜，今天降温了，多穿点。""我又不是小孩子，知道穿什么衣服。"我甩开妈妈的手，"什么怪味，真难闻。"妈妈有点尴尬，缩回手闻了闻，"哦，是韭菜味，你不是说晚上吃饺子吗？你可别脱外套啊，小心感冒。""知道啦。"我不耐烦地回了一句，等到脱离妈妈的视线，我赶紧把外套脱了下来。

走出电梯门，一阵冷风吹过来，我打了个喷嚏，"这鬼天气……"我嘟哝着，顺手便穿上了外套。

画面二、三略。

结尾：妈妈的唠叨，是爱和牵挂。有妈妈唠叨的日子是幸福的。

第八章
题目到底在说啥？——
字词、画面和模型转换困难

初二期中考试刚结束，平平的妈妈就心急火燎地来找我。原来在期中考试中，平平的语文全班第一，但数学却只考了82分，而这次考试全班数学有8个100分。这不是平平第一次数学遭遇滑铁卢了，小学时经常考"双百"的平平，进入初中后，语文成绩仍然可以在班里遥遥领先，数学却突然上不了90分了。

为此，妈妈咨询了班主任，班主任说："这是正常的入学适应，咱们班都是各区的优秀生，有的孩子受不了压力，考试紧张，成绩自然就不稳定了。"妈妈觉得老师说的有道理，孩子真有可能是没有适应。小学时平平也没上什么辅导班，不照样很优秀吗？！

到了初二，平平其他科目成绩都还好，和同学关系也融洽友好，但数学却仍是老大难，这样下去，很可能还会影响物理等理科学科的学习。妈妈又去找了数学老师，数学老师说平平上课很认真，但思维好像不太灵活，特别是在做题的时候，题目稍微有点变化，她就看不懂了。

数学老师的话，让妈妈糊涂了。平平语文成绩那么好，理解能力肯定没问题，为什么会"看不懂"题目呢？征得平平的同意后，她陪着平平一起来寻求学法咨询。

我请平平分别找出"同类型，但自己有时看得懂，有时看不懂"的题目，平平马上明白了我的意思，并找了下面两题。

例1　两地相距n公里，提速前火车从一地到另一地要用t小时，提速后时间减少了0.5小时。提速后的速度比原来快了多少？

例2 绿化队原来用漫灌的方式浇绿地，a 天用水 m 吨。后改用喷灌的方式，可使这些水多用 3 天。喷灌比漫灌每天节水多少吨？

平平说第一题是平时的作业，第一次做就做对了。第二题是考试时遇到的，看了几遍，也没看懂题目意思。结果等到老师讲解后，她才发现第二题其实和第一题"差不多"，可当时却怎么也看不懂。

我们先看两题的解答过程，比较它们的异同，在此基础上再来分析平平为什么看不懂题目。

第一题
提速前速度: (n/t) 公里 / 小时，提速后速度：$[n/(t-0.5)]$ 公里 / 小时，提速后比原来快 $[n/(t-0.5)-n/t]$ 公里 / 小时，计算过程略。

第二题
漫灌每天用水 (m/a) 吨，喷灌每天用水 $[m/(a-3)]$ 吨，每天节水 $[m/(a-3)-m/a]$ 吨，计算过程略。

大家来看，这样一比较，你是不是发现两题的思路其实完全相同？平平既然在没有老师指导下就自己完成了第一题，说明平平对分式的运算及运用掌握得还行，知识点准确，思路清晰。对于第二题，平平说看不懂题目，细细分析，其实不是思维不灵活，而是另有原因。

我请平平仔细回忆考试时到底看不懂哪一句话或哪一个词，平平说，当时看到"漫灌"和"喷灌"觉得很陌生，就在脑子里搜索类似的词语，搜到了"水漫金山"这个词。然后脑子里突然就出现了白娘子、许仙的样子，还有背景音乐。等她回过神来，发现周围的同学都做得比自己快，急急忙忙又来审题，就怎么也看不懂了。

这就是考试时俗称的"脑子抽了"，这种情况会发生在很多成绩中等偏上的孩子身上，尤其是思维比较活跃、想象力丰富的孩子。这类孩子通常语文成绩优秀，但一遇到数学、物理这类抽象性强的科目，就突然"笨起来"。又因为这类孩子往往女生比较多，她们常常被"女生理科学不好"的声音左右，所以更容易形成固化观念——我是女生，所以学不好数学。

其实，平平的问题是不会分学科审题，把语文中情景阅读的审题方法错误地用到了数学应用题上。情景阅读要求学生能够迅速将文字在脑海中转化为具体的场景，包括画面、声音、对话、表情等。而数学审题需要的是将文字转化成具体的情景，再从中抽象出数学中的量，并找出量之间的关系。以第二题为例，"漫灌"和"喷灌"两个词换成"浇水"，并不会影响题目作答。题目需要抽取出的两个量分别是"原来的浇水量"和"改进后的浇水量"。平平如果能够找出这两个量，那么即便不理解词义也不会影响解题。

我建议平平针对数学和物理进行专门的审题训练。期末考试时，平平果然取得了满意的成绩。审题是得分的关键，这一章，我们来聊聊如何审题。

8.1　空间表征——抽象能力发展的前提

8.1.1　什么是抽象能力

到底什么是抽象能力呢？这个问题听起来就难以理解。抽象能力是一种思维能力，孩子的思维有什么特点呢？要了解孩子的思维发展过程，皮亚杰老先生的名字肯定是绕不过去的，接下来我给大家简单介绍一下他关于未成年人的认知发展四阶段理论。

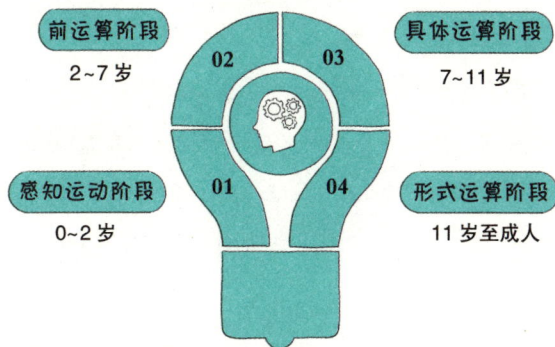

认知发展四阶段

1. 感知运动阶段（0 ~ 2 岁）

这个阶段的孩子主要通过探索感知觉与运动之间的关系来获得动作经验。

孩子在成长的最初阶段，对于很多东西，他都喜欢抓住并往嘴里放，也喜欢摸一摸。你如果用手蒙住自己的脸，他就会认为你不见了，当你拿开手时，孩子会非常开心。这个时候，对孩子来说，他认为自己能感觉到的事物才是存在的，而感觉不到的则不存在。所以孩子才会对妈妈的离开那么恐惧，因为妈妈不见了，就是不存在了，太吓人了。

随着年龄的增长，大部分孩子在 2 岁左右学会了说话，这时候他们有了最初的抽象能力。比如，他想找妈妈，而妈妈不在眼前，这时候他不会马上哭，而是会用语言来呼唤妈妈，说明他在大脑里已经明白：妈妈虽然看不见，但是妈妈是在的。大脑里的妈妈就是孩子抽象能力初步发展的表现。

2. 前运算阶段（2～7岁）

这个阶段的孩子有两个特点，一个是认为所有事物都是有生命的，不能很好地把自己和外部世界区分开来。给人的感觉是特别"善良"，比如踩到小草上，会担心小草会疼。就算吃块饼干，有时候也会非常不忍心，怕它疼。另一个特点是，这个阶段的孩子非常喜欢告诉别人自己在做什么，即使没人听，自己也讲得津津有味。

孩子在第一阶段感觉运动的基础上，发展出了丰富的表象，这些表象又以视觉表象为主。孩子的视觉表象越丰富，他描述的热情就越强。有些孩子很少说话，或者语言很单调，并不是因为语言能力有问题，而是因为大脑里没有丰富的视觉表象，没有内容可以描述，只能重复自己听到的语言。

在这个阶段，孩子能够用丰富的语言来描述自己感觉到的世界，大脑里不仅储存了丰富的形象，同时还能够想象出新的形象，并且把它们用语言符号表达出来，这一切都说明孩子的抽象能力有了进一步的发展。但这个阶段的孩子，还有"绝对化"的倾向。比如他们在比较大小多少时会非常夸张，说出"我家的房子和天一样大"这样的话。有时候我们会觉得孩子太爱吹牛，其实是孩子抽象能力还没有发展好，他们还无法理解相对概念。

3. 具体运算阶段（7～11岁）

这个阶段的孩子可以进行简单的计算了，但计算时还需要依赖具体的实物，比如手指、小棒或是立体的积木等。这时候的孩子慢慢可以把具体的实物内化到自己的大脑中，在大脑中想象这些物体，来帮助自己思考和计算。除此之外，孩子还慢慢学会了加标点、分段、概括段落大意和文章的中心思想，所有这些都是抽象能力发展到一定程度的表现。

4. 形式运算阶段（11 岁至成人）

在这一阶段，人们可以在大脑中将形式与内容分开，可以离开具体事物，根据假设来进行逻辑推演。这一时期是抽象思维形成和发展的稳定期。

接下来，我们来听一个故事。

某一天，一个富翁和一个渔夫都在沙滩上晒太阳。

富翁非常奇怪，就问渔夫："这么好的天气，你为什么不去打鱼呢？"

渔夫反问富翁："今天的鱼已经打够了，我打那么多鱼做什么？"

富翁说："打鱼挣钱买大船啊。"

渔夫又问："买大船做什么呢？"

富翁说："只有打更多的鱼，才会有足够的财富和自由在沙滩上晒太阳啊。"

渔夫笑了，"我现在不是正在晒太阳吗？"

这是一个非常有名的故事，对于这个故事，每个人都有自己不同的理解。在这里，我想用它来说明抽象能力的发展。

渔夫和富翁确实都在晒太阳，可他们人生的自由度是完全不一样的。富翁可以明天继续晒太阳，而渔夫就不可以了。更不要说子女教育、精神文化的区别了。可是渔夫为什么不明白呢，因为他没有足够的抽象能力去理解"财富""自由""教育""精神"这些抽象的概念。他的思维还停留在具体运算阶段。

由此可见，所谓的抽象能力，就是从具体事物中抽离出来，用概念、符号、定义去描述本质规律的能力。人的抽象能力并不会自然增强，针对性的训练能帮助人更好地发展抽象能力。

8.1.2　空间表征是抽象能力发展的前提

"视觉表象"是对具体事物的形象表象，它与人们的真实知觉十分相似。而"空间表征"则远远没有那么具体，它表征的是一种抽象的空间关系，是一种"示意图"式的表征。比如当我们说"苹果在橘子右面，梨在橘子左面"的时候，在大脑中，我们会将具体物体简化为一个抽象的圆圈或者点。这种在脑海里用缩小的圆圈或点来表示具体事物的能力，就叫作空间表征能力。在空间表征下，事物或事件都变成了点，这样我们的大脑便更容易发现事物或事件间的关系或联系。有了空间表征能力，人们才能抽象出概念和规律，然后发展出不同的学科思维。

如果你有过购房经验，那么在售楼处肯定见过小区的沙盘和地图。当我们说 11 号楼在 12 号楼东边的时候，脑海里重点出现的是两栋楼的具体模型吗？肯定不是，脑海里出现的是两个点或者圆圈。我们会把注意力放在二者的相对位置关系上，而非单栋楼房建筑上。只有这样，我们才可以抛开建筑物的具体特点，去注意它们的位置及关系。同样，在你和别人聊天需要同时描述几件事的时候，你会无意间用点或圆圈等形式在脑海中将事情排序，然后有条不紊地讲述出来。我们身体内的时间线（后面会介绍）也正是利用了空间表征能力，才能把事情安排得更加有条理、有计划。

低年级的孩子因为空间表征没有得到充分激活，所以很难理解抽象概念。

一年级课堂上，老师在讲授个位数的加法时，举了一个例子："桌上有 3 个苹果，4 个梨，问：桌上一共有多少个水果？"这道题对于一些一年级学生来说很难，因为这里涉及两种水果。我们做过试验，如果请三年级以上的孩子来画图表示这道题，不管是苹果还是梨，他们都会直接用点或圆圈表示水果。而一年级和部分二年级的孩子，会老老实实画出苹果和梨，然后很疑惑：为什么是 7 个水果？他们之所以会有这样的疑惑，从根本上讲是因为他们的空间表征激活不够，他们的注意力在每一种水果的具体特点上，而忽略了苹果和梨的共性特点，也就是它们的联系——同为水果。另外，语文上的标点符号和段落划分也和空间表征有关系。低年级孩子一般不会分段，写话也经常不加标点。所有上面这些问题都与空间表征未被完全激活有关。

接下来我们再来具体感受一下空间表征吧！

小明的爷爷的女儿的儿子，和小明是什么关系？在你思考的时候，脑海里出现的是不是一个个点呢，再者就是这些点之间的关系，并没有出现小明或者小明爷爷等人的具体形象。不知不觉中你便用空间表征解决了这个问题。如果孩子不会，可以请他在空中用手点一点，如下图所示，这样他自然会明白。

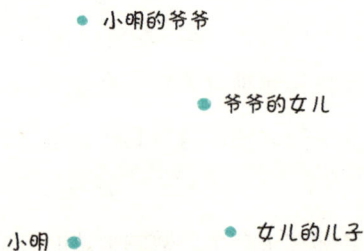

● 小明的爷爷

● 爷爷的女儿

小明 ●   ● 女儿的儿子

用空间表征表示人物关系

从具体事物到空间表征，再到概念和规律，最后用文字符号表示这些概念和规律，我们的抽象思维就是这样发展起来的。就好像售楼处用沙盘表示房子，我们再把沙盘中的建筑物变成点，在脑海中形成地图。城市里所有小区的地图拼接在一起，又形成了整个城市的地图。空间表征对于抽象思维的发展非常重要，它在学习和生活中运用非常广泛，那么如何评判孩子的空间表征能力？如果空间表征激活不充分，如何来激活它呢？我们继续看下节内容。

8.2 空间表征能力的判断与激活方法

8.2.1 如何评判孩子的空间表征能力

空间表征是抽象思维发展的前提，空间表征能力对于学习至关重要，它可以更好地帮助孩子认识知识的本质。那么怎样评判孩子的空间表征能力呢？下面我们给出三个简单的操作方法供大家参考。

方法一　看图识能力

让孩子用图画的方式来表示数学题，题目一般为加减法，数字在 10 ~ 100 之间。

比如，白小猫有 10 条鱼，花小猫有 7 条鱼，它们一共有多少条鱼？

对于上面这道题，抽象能力好的孩子，会用点来表示鱼。有的孩子会用一个点表示一条鱼，有些抽象能力更好的孩子，会画一个大点，直接标上 10。

空间表征能力强的孩子　　　　　空间表征能力较差的孩子

他们会把注意力放在事物间的关系上，而非单个事物的具体特点上。如果孩子在一二年级，那么他们有可能会认认真真画出每一条鱼，这个年龄段的孩子抽象能力不是特别强，他们只会生硬地将题中出现的事物还原。如果孩子到了三年级，做题时还在画具体的事物，那就说明抽象能力很差了。

方法二　通过规划识能力

空间表征能力强的孩子擅长规划。你可以让孩子针对自己不擅长的事情设计一个活动方案，这个方案可以和同学一起完成。比如，孩子喜欢运动，不喜欢书法绘画，但现在要求孩子和他的同学一起举行书画展览。对于这项任务，空间表征能力强的孩子会考虑活动目标，并和小伙伴一起分工合作完成，有的负责布展，有的负责提供作品，有的负责宣传。空间表征能力弱的孩子，则会完全按照个人喜好来完成。

方法总结 **空间表征激活程度的判断**

1. 对于小学生，可以通过看孩子做题时画出的图示来进行判断。如果孩子是用具体的图画形象来表示事物，在三年级之前属于正常阶段，三年级之后若还是如此，则说明空间表征激活非常不充分。

2. 对于小学中高年级以及初中生，可以通过孩子的规划能力来判断他们的空间表征能力。规划能力强的孩子，他们的空间表征能力一般都比较强。

8.2.2　激活空间表征的方法

方法一　平面图示法

"平面图示法"的训练要点是将实际空间中的三维物体及其位置关系用平面上的点表示出来。这种训练方法让人将注意力全部放在物体间的相对位置上，从而有效激发空间表征能力。

比如可以让孩子观察家里的家具位置，用点表示它们的相对位置，并将其画在纸上。

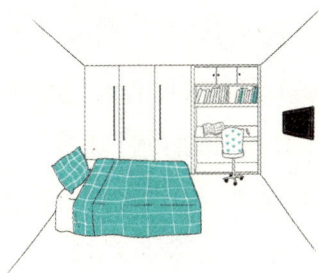

家具位置实物图　　　　　　　　家具位置平面图

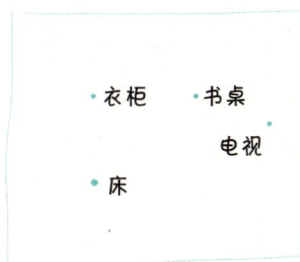

方法二　抓空法

我们要找到具体事物间的相互关系，比如位置关系、数量关系等，就需要忽略掉与相互关系无关的个体特征，比如个体大小、形状、颜色、材质等，这时，具体的事物就需要作为一个整体被"压缩"成空间里的一个点，事物与事物间的相互关系就变成了"压缩点"和"压缩点"间的关系。

抓空法是利用具体动作来帮助孩子完成上述过程的方法。具体来讲，就是帮助孩子借助想象把具体事物抓在手里，然后压缩成点，以此让事物间的关系演变成点和点的关系，在此基础上让这种相互关系更加明显地表现出来。

这种训练方法的要点是问什么就抓什么，然后再结合题中的主要文字信息做进一步的"抓空"演示，直到数量关系明确为止，之后将数量关系写下来。

比如题目问"桌上的水果有几个"，就请孩子伸出右手，假装抓桌上的水果，然后用力握紧，把"水果"压成点，然后回答"有几个"。

这种方法对于孩子解决数量关系相关问题特别有效，在奥数思维训练中可以用这种方法来理解题目。让我们结合例子来看下。

例 已知一张桌子的价钱是一把椅子的 10 倍，又知一张桌子比一把椅子多 288 元，问：一张桌子和一把椅子各多少元？

思路和解答：

由已知条件可知，一张桌子比一把椅子多 288 元，正好是一把椅子价钱的 (10–1) 倍，由此可求出一把椅子的价钱。再根据椅子的价钱，就可求出一张桌子的价钱。

一把椅子的价钱：288 ÷（10–1）= 32（元），

一张桌子的价钱：32 × 10 = 320（元）。

上面给出了常规解题思路和解题过程，但实际上，很多孩子在解题时很难理解"一张桌子比一把椅子多的 288 元，正好是一把椅子价钱的（10–1）倍"这句话，老师重复讲解后，孩子可能记住了结论，但题目稍有变化就又不会做了。如果此时能够引入空间表征训练，帮助孩子从题目中抽象出各个量，那么孩子理解起来就会容易很多。

下面我们结合题目来看下这道题的具体"抓空"操作：

1. 找出问题

一张桌子和一把椅子各多少元？

2. 问什么就抓什么。

左手抓一张桌子的价格，右手抓一张椅子的价格，分别将它们抓成点，并感受点的大小。孩子会感觉到左手的点大或者重，右手的点小或者轻。

3. 根据题中主要文字信息做进一步"抓空"演示：现在左手抓的是"一张桌子的价格"，右手放空。

（1）已知告诉我们一张桌子的价钱是一把椅子的10倍，现在从左手抓走一把椅子的价格，现在左手还剩什么？

孩子会说"左手还剩9把椅子的价格"。

（2）已知还告诉我们一张桌子比一把椅子多288元，从左手抓走一张椅子的价格，现在左手还剩什么？

孩子会说"左手还剩288元"。

由（1）（2）可分析得出288元刚好就是9把椅子的价钱，列式计算，即可得出结果。

4. 列式解题

一把椅子的价钱为 $288 \div 9 = 32$（元），

一张桌子的价钱为 $32 \times 10 = 320$（元）。

怎么样？我们用抓空法完成这道题是不是更好理解？

方法三　意焦

人们可以通过找出情绪或者事件的"发源地"，即情绪等产生的具体身体部位，以此来激活空间表征，这一过程便用到了意焦。

不同情绪、事件的空间表征可以通过意焦来感知，意焦在处理情绪上也非常有用。

例　孩子说："我很生气。"你可以问："你哪儿生气了？"

孩子就会用手指向身体的某个部位。

比如孩子会告诉你"胸口很胀"或者"肚子气坏了",这时候父母可以教孩子用呼吸放松法来"松动"身上的情绪,具体操作步骤是:用力呼气,把肚子里的坏情绪都呼出去,然后再用力吸气,这样做几次之后,便会觉得浑身轻松。

对于孩子和部分成年人来说,情绪是难以觉察和描述的。很多时候情绪上来了,会觉得全身不舒服,看谁都不顺眼。这时候,可以将注意力的焦点回到身体的感觉上来,通过扫描全身找到情绪的"发源地",即情绪产生的身体部位,这一过程属于空间表征的激活过程,然后再用语言具体描述自己的感受。通过这样的训练,孩子在激活空间表征的同时,也提升了情绪的觉察和表达能力。在此基础上,父母再通过孩子的描述,协助孩子去处理事件或者调节情绪。

方法四　空间踩踏

在某一空间,个体所处的特定位置与他产生的不同情绪以及经历的具体事件是相呼应的,由此,空间表征可以通过踩踏这些代表不同情绪、不同事件的特定位置来得以激活。

比如孩子说:"我很生气。"你可以问孩子:"在这个房间里,你生气的位置在哪里?找到它并站到那里去。"

对于年纪更小或者感觉型学习风格的孩子来说,当情绪上来时,他们可能更习惯用身体的动作,比如跑、跳来表达情绪,这样的孩子更适合"空间踩踏法"。当孩子移动到"生气的位置"时,他就会用自己站的这个点来代表"生气",从而激活了空间表征。这时,我们同样先让孩子放松，再请他说一说自己的感受和引发感受的事件，帮助孩子提升感受情绪、理解情绪的能力。

激活空间表征的方法

1. 平面图示法。这种方法的训练要点是将空间中的实物及其位置关系用平面上的点表示出来。

2. 抓空法。这种方法的训练要点是"问什么就抓什么"，然后结合题中的主要文字信息做进一步"抓空"演示，直到数量关系明确为止，它对孩子解决数量关系的相关问题特别有效。

3. 意焦的训练要点是找出产生情绪的具体身体部位，以此来激活空间表征。成年人可以用此法来提升情绪感知力。

4. 空间踩踏主要是通过找出某一空间代表个人情绪或事件的具体位置来激活空间表征。

8.3 作文审题、创作训练法

8.3.1 作文审题、创作的难点在哪儿

当孩子的各种感受被唤醒，当孩子有感而发时，写作就变得容易了。感受源自点滴的生活体验和阅读中的收获，很多老师让孩子坚持小练笔，就是为了随时记录所见所闻所感，这样长期积累下来，写大作文时才有足够的素材。很多孩子自幼作文灵气十足，但到了命题作文时，要么言语无味，要么内容偏题，要么结构混乱，这是为什么呢？其实根本原因是不会审题。对，作文也需要审题，需要

弄清楚出题人的意图。不清楚出题人的意图，按照自己的感觉随心所欲地写，那便可能会偏题，从而导致分数极低。

例如，有的孩子在完成作文"我的老师"时，看到题目后，首先想到自己的数学老师，最突出的感受是数学老师经常拖堂，于是他就老老实实写了数学老师拖堂的"事迹"，并且表达了自己的不满。这样的作文确实是有感而发，但得分肯定不高。因为出题人的意图是希望看到老师身上美好的东西。如果孩子会审题，他就会从拖堂中找到敬业精神、责任心这类美好的品质，把对美好品质的欣赏、赞颂作为中心感受。这是作文审题方面的难点，要去揣摩出题人的意图，不能只凭自己的第一感觉去写。

第二个难点是要从读者的视角去构思文章，这一点属于创作难点。如果全篇都是"第一人称"视角，比如写"我的老师"，所有的句子都以"我的老师……"开头，那么看起来会很累。

第三个难点是感受要尽量丰富，避免单一的语言风格，这一点也属于创作方面的难点。例如有的孩子通篇都是"看到""见到""注意到"，全部是视觉化的语言风格，没有关于听觉和触觉的语言，文字的画面感、场景感很差，读起来十分乏味。

那么如何来突破这三大难点呢？可以用"三变"法来进行作文审题、创作训练。

8.3.2 用"三变"法进行作文审题、创作训练

既然找到了审题、创作的三大难点，那么针对三大难点进行训练就可以提升写作能力。怎样训练呢？我们可以尝试用"三变"法。

一，变位置，从写作人的位置转变为出题人的位置。二，变视角，将作者视角转变为读者视角。三，变风格，将单一语言风格转变为多元语言风格。

下面以"我的老师"为例来看一下"三变"审题法的具体应用。

第一步，变位置。

把作文题"我的老师"写在白纸中间，在四周写上你能想到的和老师有关的词语，这里可以用气泡图（后面章节会有介绍）来表示。找出你最有感觉的词语，并说一说它带给你的感受。

站在出题人的角度，假如你是出题老师，看到哪个词语会有感觉，说一说。

用气泡图表示由老师想到的词语

比较上面两个词语，如果两个词语相同，那这个词语就是作文的中心。如果两个词语不同，则尝试找出两个词语间的联系，或者重新选择一个让你和出题人都喜欢的词语。例如，拖堂和认真，拖堂的行为是老师认真的工作态度的表现，这时候就可以把题目补充为一句话：我的老师很认真，所以舍弃自己的休息时间（拖堂）作为中心感受，尝试口头写作（可以录音）或者用书面文字表达。

第二步，变视角。

写完之后，把自己代入读者的视角，听一听或者读一读自己的文章，看看有没有不顺口、难理解或者重复的地方，有没有引起读者共鸣或者让读者恍然大悟的感觉，有没有放不下手，想继续深入读下去的感觉等，针对这些方面整理文章内容和结构。例如"我的老师"这篇作文可以从一开始自己对拖堂的厌恶，转到最后的理解，使用欲扬先抑的手法，这样可以增加可读性。

第三步，变风格。

还记得第二章介绍过的"辨词语识风格"吗？不同学习风格的孩子，会习惯性地使用不同类型的词语，如果注意到这点，就可以从听觉、感觉等不同表象对文章进行针对性的修改，这样可以让文章更加生动。例如"我看到数学老师生气地走进教室，手上拿着一沓厚厚的卷子，脸上非常严肃"，从文字我们可以看出所有这些描写全部是"看到的"，由此可以推断出作者有可能属于视觉型学习风格。对于这部分内容，如果加上听觉、触觉、动作等相关的词语，文章则会生动很多。例如："呼"的一声，教室门重重地被推开，数学老师大踏步地走进教室，"咚"，厚厚的卷子被丢在讲台上，吓得我全身一抖……这样描写是不是生动多了？这里用到了唤醒并串联感受的写作方法，这种方法前面章节有详细介绍。

在平时的练笔中，可以用"三变"法来进行审题、创作训练，以此来不断磨炼自己的写作水平。

1. 变位置。从以自我为中心转换为以出题人为中心，揣摩出题人的意图。

2. 变视角。从作者自身视角转化为读者视角重新审读文章并进行修改。

3. 变风格。从视觉、听觉、感觉等多角度描写，使语言更加丰富、生动。

8.4 数学审题训练法

我们反对题海训练，同时又不得不承认，理科成绩顶尖的孩子，都有大量涮题的经验，并且做题速度很快。是因为他们天生聪明吗？并不完全正确，从根本上讲，其实是因为他们熟练掌握了审题的方法，只要是做过的题型，在他们脑海里便会自动识别题型并快速产生答题策略。成绩优秀的孩子，往往会花很多时间在审题上，他们会又快又准地抓住题中的重要信息，并对这些重点信息进行深入思考。而成绩一般的孩子，很多像案例中的平平这样，换一个词，就看不懂题目了。那么对于数学题，到底应该如何审题呢？

8.4.1 数学审题难点在哪儿？

作为家长或者老师，肯定给孩子讲解过题目，你是怎样教孩子审题的呢？我先给出两道题目，咱们结合这两道题来具体看下。

例1　一根绳子长8米，对折后从中间剪断，长的部分比短的部分长多少米？

例2　今有甲乙二人持钱不知其数，甲得乙半而钱五十，乙得甲太半而钱亦五十，问甲、乙持钱各几何？

认真思考后，你想出答案了吗？如果你想出了答案，你是怎么做到的？如果没有想出答案，是哪里卡住了呢？我们平时以为，教孩子审题，就是教会孩子读懂题意、找出已知量、列关系式，最后解答。但很多时候，题目中的每个字都认识，但就是看不懂题目，就像第二题，你是不是没明白题意呢？

数学的研究对象是空间和数量，审题时必须先抽象并识别出它们，然后再用对应的定理和公式解题。

解数学题的思维过程是这样的。

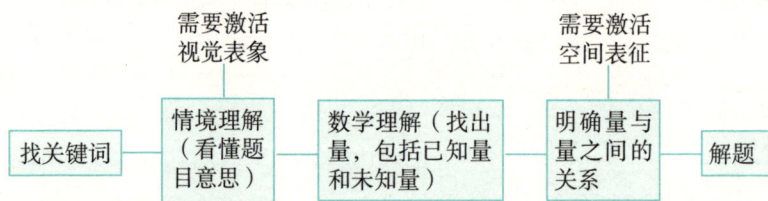

数学题的解题思维流程

学校老师在给孩子们讲题时，多半会直接从"找关键词"跳到"明确数量关系"，而跳过审题最关键的"情境理解"和"数学理解"，最终孩子也不明白自己到底卡在了哪里？

我们常说的看不懂题目，其实包含两层含义，即看不懂题目的情境和找不出题目中的数学对象（已知量和未知量）。

第二题是《九章算术》中的题目，该题用文言文表述。请你回忆第二题，并有意识地去让大脑浮现题目对应的画面，画面内容清晰明了吗？

现在你是不是可以感受到孩子"每个字都认识，但不知道讲什么"的痛苦了？这就是看不懂题目的情境，也是绝大多数几乎所有学科成绩都差的孩子所面临的困境。

应对"看不懂题目的情境"，也就是不知道题目在说什么，这时可以用"文字画面转换法"。为了更清晰地认识"文字画面转换法"在审题中的作用，我们来看下例3。

例3　有甲乙两人，不知道钱包里有多少钱，若乙把自己一半的钱给甲，则甲有50元。若甲把自己的三分之二的钱给乙，则乙的钱数也为50，问甲乙各有多少钱？

怎么样，是不是能看懂题目了？你也许已经发现例3其实就是例2的现代文翻译，它们属于同一道题。回忆例3，现在你的脑海里有画面了吗，是否清晰呢？通过比较两次回忆画面，你应该明白将文字转换为画面对于理解题目的重要性了吧？

同样例1也需要用到文字画面转换能力，很多成年人看到题目的第一反应是——嗯，中间剪断不是相等吗？问题就出在这儿，只留意了"中间剪断"，没有留意"对折后"，脑海里没有形成准确、清晰的画面。对于很多题目，你只要将文字转换成画面，问题便迎刃而解，下面我们就来体验一下这种奇妙的方法。

8.4.2 用"文字画面转换法"理解数学情境

接下来，我们结合前面例1来看下"文字画面转换法"在数学审题时的基本操作，重点是通过"画面转换法"来理解情境。

例1 一根绳子长8米，对折后从中间剪断，长的部分比短的部分长多少米？

1. 找关键词——阅读题目，找出关键词

一般情况下，数学题目中的表示动作和特性的词，比如剪断、对折等，这样的词都有可能成为关键词。

操作：请孩子读完题后，在自己觉得重要的词下面画横线。

有些孩子可能一开始无法准确地找出关键词，没关系，在进行第二步将情境转化成画面时，他会发现由自己找出的关键词很难转换成画面，这时便会重新寻找，多次训练后就可以找准了。

本题的关键词有"绳子""对折""中间剪断"。

找关键词这一步大部分孩子都可以完成，但由关键词形成正确的解答策略，很多孩子就做不到了，因为他们无法将词语转变成画面，也就是无法理解题目到底在说什么，即语文意义上的理解，或者有了画面后，找不到数学量以及量与量之间的关系，即数学意义上的理解。那么如何分别从"语文意义"和"数学意义"上去理解题目呢？我们先来看"语文意义"上的理解，即题目的情境性理解。

2. 转换画面，即对题目的情境性理解

由关键词转换成画面，是文字符号到视觉表象的转换。孩子如果转换不灵活，则说明视觉表象丰富性不够，可以借助我们前面章节的相关内容进行针对性的训练。

操作：请孩子对照画出的关键词，眼珠转向右上方构想画面（如果孩子转换熟练，可以看任意方向），将"绳子""对折""中间剪断"三个词连成一个画面——一条绳子对折后从中间剪断。

用文字画面转换法来审数学题

如果你的孩子属于操作型学习风格，那么可以配合动作进行，比如用双手在空中比划一根绳子，将绳子对折，然后用手指作剪刀，从中间剪断。如果双手操作也无法想象出画面，那就请家长帮助在纸上画出图示，并且在平时加强视觉表象丰富性的训练。

这步完成后，对于数感好的孩子，答案已经出来了，通过画面更容易看出：将绳子对折后，从中间剪断，是从离两端2米处剪断，对折处是相连的，所以剪断后长的绳子为4米，短的绳子为2米，答案显而易见。但对于数感差的孩子，还不能稳定地从具象到抽象，可能一会儿说对了，一会儿又说错了，需要一步步练习并确认，直到形成稳定的解题策略。

3．找出数学对象（已知量和未知量），即题目的数学理解

找出数学对象，也就是找出已知量和未知量，这一步涉及从具体到抽象的转换，要用到空间表征，相关内容本章第一二节作了详细介绍，如果孩子这一步操作有问题，请结合前面内容进行训练。

操作：请孩子读问题"长的部分比短的部分长多少米"，从问题中可以明确数学对象为"长度"，然后从刚才想象的画面中抽象出三个长度：绳子的总长度（已知量）、长段长度（未知量）、短段长度（未知量）。

4．明确数量关系，即题目中已知量和未知量间的关系

找出数学对象还不行，我们必须明确各个量之间的关系，特别是已知量和未知量间的关系,利用这些关系来一步步形成解题策略，即解题思路。

操作：回忆绳子对折并从中间剪断的画面，找出已知量（绳子的总长度）和未知量（长段长度）的关系，即绳子的总长度 $\div 2=$ 长段长度，即长段长度为 $8 \div 2=4$ 米。进一步找出已知量（绳子的长度、长段长度）和未知量（短段长度）的关系，即（绳子的总长度 - 长段长度）$\div 2=$ 短段长度，即短段长度 =（$8-4$）$\div 2=2$ 米。

5．解题——列出算式并解答

前面四步都做好，解题便"水到渠成"。

操作：根据数量关系，列式解题。

解：由题意知

长段长度为 8÷2=4（米），

短段长度为（8-4）÷2=2（米），

长的部分比短的部分长 4-2=2(米)。

答：长的部分比短的部分长 2 米。

接下来我们再用同样的步骤审一下例 3，这道题的侧重点不在题目的画面转换，即情境理解上，而在量及量与量间关系的确定上，需要很强的抽象能力，对孩子的空间表征能力要求很高。

8.4.3　数学审题核心：量及量与量间关系的确定

在数学审题上，光知道题目在说什么还不够，最重要的是要从题目中找出各个量，并明确量与量间的关系，借助这些关系来解题。这要用到空间表征，那么如何具体运用空间表征来形成自己的解题思路呢？我们结合前面的例 3 来看下。

例 3　有甲乙两人，不知道钱包里有多少钱，若乙把自己一半的钱给甲，则甲有 50 元。若甲把自己三分之二的钱给乙，则乙的钱数也为 50 元，问甲乙各有多少钱？

1. 找关键词。

找出关键词，并划线。本题中的关键词为乙、给、甲，甲、给、乙。

2. 根据关键词构想画面，理解题目的情境。

根据步骤 1 中提炼出的关键词，孩子可以想象出双方互相给钱的情境。

3. 找出量及量与量之间的关系。

这里要用到空间表征，"抓空法"是激活空间表征的方法之一，我们用这种方法可以很快找到量及量与量间的关系。

结合问题，请孩子两只手在空中各抓一下，左手抓"甲钱包里的钱"，右手抓"乙钱包里的钱"。问孩子，两只手里各抓了多少钱？如果孩子答"不知道"，则结合题中信息继续下一步"抓空"演练。

结合题目中的"若乙把自己一半的钱给甲，则甲有50元"，请孩子左手抓甲钱包里原来的钱，右手抓乙钱包里钱的一半，然后双手合拢，问现在手里抓了多少钱？如果孩子答"50元"，则在纸上列出左右手的量。

右手——乙钱包里钱的一半
左手——甲原来的钱 } 50

结合题中的"若甲把自己三分之二的钱给乙，则乙的钱数也为50元"，请孩子左手抓乙钱包里原来的钱，右手抓甲钱包里钱的三分之二，然后双手合拢，问现在手里抓了多少钱？如果孩子答"50元"，则在纸上写出左右手的量。

左手——乙钱包原来的钱
右手——甲钱包里钱的三分之二 } 50

4. 根据步骤3中的量与量间的关系列式计算即可。

完成了第3步，列式计算就非常容易了，此步略。

在数学审题中，理解题目中的数学情境、找出量及量与量的关系对于解题来说至关重要。这里要用到隐性学习力中的视觉表象及空间表征，通过本节中相关例题的解题过程，相信你已经体会很深了。

方法总结 | **数学审题**

1. 找关键词。在关键词下面划线或圈出关键词。

2. 转换画面。根据孩子学习风格的特点，将关键词转换成画面，进一步明确数学情境。

3. 找出量。根据问题把画面中的具体事物抽象成数学量。

4. 进一步找出量与量间的关系，并列式计算。

8.5 理化生审题训练法

理化生同属理科，和数学学科的审题相比，多了一个找出"模型"（体现概念、定理及其运用的典型题型）的步骤。一般来说，数学不好的孩子，理科，尤其是物理成绩也不太好，这是因为理科和文科相比，对抽象思维的要求更高，如果空间表征激活不够或者知识镜像（后面章节会介绍）不准确，那么理解知识自然很困难，就更别谈解题了。与此同时，很多数学学得不错的孩子，在解理化生题目，尤其是物理题时也存在问题，这又是为什么呢？这是因为他们只将题目中的文字转换成了画面，而并没有抽取出学科模型，所以直接套公式的题目会做，题目一变化就看不懂了。化学、生物的审题与物理很相似，关键都在于学科模型的建立与运用。

8.5.1 理化生审题难点在哪儿

例1 如图所示，一重为 50 N，边长为 100 cm 的正方体物块静止在水平地面。

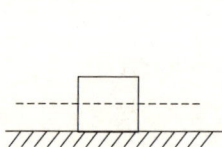
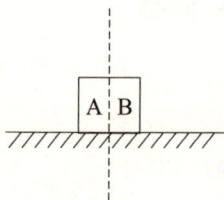

图1   图2

（1）如图 1 所示，从虚线处将正方体物块沿水平方向切去一半，则剩余物料对水平地面的压强为____Pa。

（2）如图 2 所示，从虚线处将正方体物块沿竖直方向切成大小不同的 A、B 两块，则 B 对水平地面的压强为____Pa。

如果你觉得容易，请整理你的解题思路；如果你觉得很困难，请继续解下面这道题。

例2 一重为 50 N，边长为 100 cm 的正方体物块静止在水平地面，它对水平地面的压强为____Pa。

是否立刻就会想起用公式"$P=F/S$"来解题了？注意受力面积的单位要换算成平方米，代入 50 N 和 1 m^2，马上就可以得出答案为 50 Pa。同样，在例 1 中，只要找出对应的 F 和 S，P 是不是就可以求出来了？"$P=F/S$"就是这道题背后的物理模型，也就是学科模型。只要找到它，然后找到对应的量，用数学方法计算即可解决问题。

理化生的研究对象是自然界现象背后的规律，题目给你的只是现象，你需要甄别出它属于哪类现象？适用什么规律？这一过程就是理科审题中学科模型的抽取过程。

理化生解题的思维过程是这样的。

```
找关键词 → 根据关键词形成的画面找出学科现象 → 抽取学科模型 → 模型推理（数学运算） → 解题
```

理科解题思维

和数学审题相比，理化生的审题多了一个环节，即抽取学科模型，同时情境性理解变为了找相应的学科现象，这两步在理科解题中最为关键。老师在讲解知识点的时候，需要带着学生从学科现象过渡到学科模型，如果缺少了这步，孩子就会缺少学科眼光，最终导致看题只停留在生活层面。抽取出学科模型后，还需要严格按照数学逻辑进行模型推理与计算，缺少这步，孩子就可能凭借经验回答，简单题还行，但要遇到综合性比较强的题目，孩子则会变得束手无策。

因此，理化生审题中看不懂题目，也有两层含义——找不出学科现象和无法抽取出学科模型并进行模型推理。例如，有的孩子看到例1，第一反应是"物料"是什么，是"木料"吗？这就是典型的缺少物理眼光、找不出物理现象的表现，反过来也说明他对"压强"没有形成知识镜像，关于知识镜像，后面会做详细讲解。而例1中的两题，不少老师这样讲解：

第（1）题，切掉一半，剩下一半的压力变成原来的一半，受力面积不变，所以压强是 25 Pa。

第（2）题，表面各处压强相等，切割后，压强和原来一样，还是 50 Pa。

有的老师还会给孩子总结规律：横切压强减小，根据剩下的部分来算最终压强；纵切压强不变。如果有孩子问为什么纵切不变，老师一般会补充一句"纵切压力减小，表面积也减小，两者成正比，所以压强不变"。这是典型的缺少模型推理，用经验套路来解题的例子，这样"总结"下去，经验越多，孩子反而越晕。那么对于理、化、生等理科题目，到底应该如何审题呢？如何找出学科现象？如何抽取学科模型？我们看下节内容。

抓不住本质生搬硬套可能会让孩子更晕

8.5.2 理化生审题法：学科模型法

下面，我们用"学科模型法"来审题，并完成上节例1中的相关题目。这两个题目都是求压强的题目，对应的公式是 $P=F/S$，也就是压强等于压力除以受力面积，三者的单位分别是 Pa、N 和 m^2。第（1）小题，大部分同学都会做，直接用 $P=F/S$ 即可，解题过程如下：

> 解：剩余一半的物料对地面的压力 $F= 50÷2=25$ N，
> 受力面积：$S=1×1=1$ m^2，
> $P=F/S=25÷1=25$ Pa。

接下来我们用学科模型法审题，求解第（2）小题。

第一步，找关键词——读题，找到学科关键词。

操作：读完题后，请孩子在学科词汇下划线。

对于物理题来说，关键词一般就是对应的物理量，这里的关键词为压强和 Pa，注意单位也是关键词，单位不同，计算结果会大不一样。

第二步，找出学科现象——文字转化成画面，画面转化成学科现象。

操作：孩子对照示意图和关键词，找出学科现象——压强，并引导孩子再次"感受"学科现象，比如可以提示：如果物块压在你的手上，手会是什么感觉？

第三步，抽取学科模型——回忆学科现象的原型。

操作：孩子在前面感受到压强的前提下，回忆压强的影响因素

和计算公式 $P=F/S$，三个物理量的基本单位分别是 Pa、N 和 m^2。

第四步，模型推理——根据模型进行数学推理与计算。

操作：要求 B 部分对水平地面的压强，结合模型，需要先找出 B 部分对地面的压力和受力面积，然后利用数学推理一步步推导。

$F=$ 地面对物料的支持力 $=$ B 部分的重力 $=$ 物料密度 $\times$ B 部分的体积 $\times g=$ 物料密度 $\times$ 物料的高度 $\times$ B 部分和地面接触的面积 $\times g$，

$S=$ B 部分和地面接触的面积，

将 F、S 代入 $P=F/S$ 则可以得出

$P=F/S=$ 物料密度 $\times$ 物料的高度 $\times$ B 部分和地面接触的面积 $\times g \div$ B 部分和地面接触的面积

$=$ 物料密度 $\times$ 物料的高度 $\times g$

$=$（物料密度 $\times$ 物料的高度 $\times$ 整个物料与地面接触的面积 $\times g$）$\div$ 整个物料与地面接触的面积

$=$ 物料的重力 $\div$ 整个物料与地面接触的面积

结果即为整个物料对水平地面的压强，即 50 Pa。

第五步，解题——理清思路，根据模型解题。

操作：把第四步的推理过程，用物理公式表示出来。略。

方法总结 **学科模型法**

1. 找出关键词。一般是题目中的学科词汇，注意单位。

2. 文字转换为画面，并用学科眼光去看画面，找出学科现象。

3. 从学科现象中抽取出学科模型。

4. 依据学科模型，进行数学推理与计算。

5. 理清思路，写出解题过程。

运用"学科模型法"审题过程中，第 2 步到第 4 步最为关键，第 2 步中学科眼光的训练，对于所有学科都非常重要。如果老师平时不注意引导，孩子很容易用生活化的眼光看待学科问题，很难看出其中的学科现象，这样学科模型就更难找了。如果孩子对知识本身都没掌握好，比如压强是什么？那么就需要先用知识镜像化的方法完全掌握知识点，之后再进行审题训练。接着我们就来看看知识镜像化的相关内容，它可以"告诉"我们孩子到底"学会"了没？

第九章
你真的"学会"了吗？——
知识镜像化程度的体现

　　案例一　小乐，以全校第一的成绩升入某示范初中，从初二开始，成绩开始下滑，期末考试没有进班级前十，尤其是物理让她觉得很头痛。平时的物理作业都会做，单元测试也考得还行，但到了期中期末，同类型做错过的题目还是会错，错误原因都一样。物理老师说小乐不会学物理，概念不清楚。

　　案例二　小芮，在某省重点高中上高一，为成绩徘徊不前而犯愁。每次考数学时，总出现一错再错的情况。小芮数学概念信手拈来，可数学老师说小芮知识点不扎实。

　　案例三　小菁，高三文科生，文科综合中，政治和地理都很好，可历史却总出问题，明明历史事实都已经倒背如流了，但问题稍微灵活一点，就容易答错。历史老师说她抓不住重点。

　　以上三种情况很常见，很多孩子在学习内容变得抽象和综合时，比如上面案例中，小乐是开始新的学科，小芮是升入新的年级，小菁是开始总复习，此时的他们会突然发现以前的学习方法几乎都"失灵"了，尤其是做过的题目仍然会错，这一点非常打击孩子的信心。概念不清、知识点不扎实、缺少学科眼光，从根本上讲，它们其实属于同一类型问题，那就是知识没有完全镜像化。

　　以小乐的物理学习为例。她来咨询时，刚学到力学部分。我请她给我讲讲课堂内容。小乐是这样说的："我们上午第四节是物理课，物理老师说力可以使物体运动，他用力推讲台，并告诉我们，如果有压力，物体在运动的时候就会产生摩擦力。"我问："物体如果静止，它还受力吗？"小乐马上回答："不受力。"我追问："重力呢，也没有吗？"小乐愣了愣，"哦，有重力，地球上所有的物体都受到重力作用，并且方向指向地面。"我又问："那我们为什么没有运动呢？"小乐彻底糊涂了。

你是不是也看出小乐"概念不清"了？她之所以物理学不好，其实是因为知识镜像化程度不高。那么什么是知识镜像化？它对学习又有着怎样的影响？让我们来看下节内容。

9.1 知识镜像化对学习的影响

本书一开始，就简单介绍了表象系统、空间表征、完形能力和镜像系统四种隐性学习能力，通过前面章节，前三种能力你已经陆续认识，并且学习了这些隐性学习能力的激活方法，下面让我们来认识一下第四种能力镜像系统。镜像系统是什么，它和知识镜像化有何关系？

9.1.1 镜像神经系统的发现与作用

1996 年，科学家们发现，恒河猴的前运动皮质 F5 区域的神经元不但在恒河猴做出动作时会产生兴奋，而且当它看到别的猴子或人做相似的动作时也会产生兴奋。人们把这类神经元命名为镜像神经元。

1998 年，科学家们发现人类也有镜像神经元，并提出，人类正是凭借镜像神经元系统来理解别人的动作意图，在此基础上与别人交流。

1999 年，科学家们又发现，镜像神经系统会在动作模仿和模仿性学习中起作用。

2000 年，研究表明，布洛卡区（语言区）是镜像神经系统的协调中心。

2001~2006 年，科学家们逐渐发现自闭症、精神分裂症、烟草成瘾和镜像神经元有关。现在对镜像神经元的研究成果已经被应用于人工智能的开发，在机器人对动作的识别和协调中已经有了突破性进展。

镜像神经系统的位置与语言区一致，并且和边缘系统相邻，我们知道，边缘系统与记忆和情感密切相关，所以镜像神经系统除了让我们学会模仿别人的动作外，还会影响我们的语言、情感和记忆。镜像分为三种类型，分别是镜像模仿、语言镜像和知识镜像。

看到别人伤心，自己心里也不好受；看到别人跳舞，自己也想跟着动起来；同事嘴里说着客气话，但语气刻薄，你会觉得不舒服；不管是阅读一段文字，还是听到一段语音，你都能明白它的意思……所有这一切都源自镜像系统。镜像系统让学习在言传身教中潜移默化地发生 。镜像神经元从 1996 年被发现后，便成为认知神经科学研究的重点。由于有镜像神经元的存在，人类才能学习新知、与人交往，人类的认知能力、模仿能力都建立在镜像神经元功能之上。

9.1.2 三种镜像和学习的关系

镜像可以分为镜像模仿、语言镜像和知识镜像。

一、镜像模仿

镜像模仿是最常见的镜像类型，正是因为有镜像模仿，婴儿才能学会走路和说话，孩子才能体会到别人的情感。当婴儿看到成人移动双腿时，大脑里也会自动出现一个移动双腿的动作。当看的次数越来越多，婴儿的双腿也发达到可以支撑他的身体时，他就开始尝试走路，越走越熟练，最终可以独立行走。孩子学习舞蹈或某种运动项目的过程，其实也是镜像模仿在起作用的过程。

镜像模仿使婴儿学会走路

说话也是如此，先天失聪儿之所以能学会说话，正是因为大脑中有镜像神经元，失聪儿通过触摸教师的嘴和喉咙，来实现自己的模仿（即镜像模仿），最后学会说话。除此之外，在学习外语时，老师会让孩子仔细观察嘴型并感受舌头位置的变化，也是同样的道理。

孩子通过镜像模仿来学习外语

　　在说话模仿中，孩子除了会模仿说话的内容，也就是词语外，他们的大脑还会自动模仿语音、语调，所以家长对孩子说话时语气粗暴生硬，孩子自然也会模仿到同样的语音语调，从而形成和家长一样粗暴生硬的说话风格。

　　当电影里的人物伤心哭泣时，你也会忍不住难过，或者看到别人受伤，比如被刀割伤时，你也会觉得难受……所有这些都是镜像模仿在起作用。也就是说，人之所以能感同身受或者用现在流行的词"共情"，从根本上讲都源自镜像模仿。而那些反社会人格的罪犯，正是因为镜像模仿和正常人不同，才会失去同情心，屡屡对弱者下手。同样，如果家长只关注孩子的学习成绩，而对孩子的心理漠不关心，孩子也就自然模仿到冷漠的相处方式。

　　镜像模仿除了会影响孩子的动作学习、发音学习外，还会影响孩子的情感学习。如果孩子出现了情绪急躁、沉浸游戏、逆反对抗等情况，家长需要反思自己和孩子相处的方式，因为这些都源自日常的镜像模仿，家长想要通过"讲道理"来解决根本问题其实是行不通的。我们常说"孩子的性格、脾气像父母"，这正是因为孩子的镜像系统无时无刻不在记录和模仿父母。所以要想从根本上解决问题，父母还得从自身做起，为孩子树立好的"镜像"。

二、语言镜像

语言镜像的前提是丰富的表象，包括视觉、听觉和感觉表象。比如对一个没去过北方的广东孩子说"雪"，他就很难理解。而一个生活在北方，经常在雪地里玩耍的孩子，他听到或者看到"雪"这个字，脑子里就会出现雪的样子，踩在雪地里的声音，在雪地里嬉戏打闹的场景，还有冰凉和开心的感觉。

雪 ？？？

我来自广东。

我来自哈尔滨。

丰富的表象是语言镜像的前提

简单说，语言镜像就是由语言触发的所有感觉和想法。孩子的阅读理解和书面表达能力和语言镜像密切相关。如果语言镜像对应的感觉和想法都是空洞、单调的，孩子自然对文章没有感受，也不会用文字表达经历和情感。好多孩子读过很多书，而且积累了很多好词好句，可是阅读理解和写作依然不行，从根本上讲，都是因为语言镜像能力不足。由于语言镜像与表象系统密切相关，而表象又分为视觉、听觉和感觉表象，这三种表象的激活在前面章节都有介绍，结合这些内容更有利于提升孩子的语言镜像能力。

三、知识镜像

知识镜像是三种镜像中最复杂，同时也是和学科学习关系最紧密的一种镜像，准确的知识镜像一般要经过符号记忆、表象记忆、心理认同和模型构建四个阶段。

符号记忆 —— 表象记忆 —— 心理认同 —— 模型构建

准确知识镜像的形成过程

我们看这张图片，它是小乐的期末测试卷，划圈的部分是失分部分，本题的正确答案是"压强与受力面积成反比"。

小乐平时考试物理成绩都在 95 分以上、甚至满分，期末考试只得了 91 分，且经常出现大考分数失常的情况。这道题是关于压强的基础题，小乐自己也说平时做过，并且对压强公式 $P=F/S$，即

压强等于压力除以受力面积记得非常清楚。听到这里，你是不是很奇怪？既然记得公式，答案不是显而易见吗？可这位同学在考场上却是左思右想、无法确定，因为怕写错，所以才写了一个模糊的答案。

这就属于典型的知识镜像不准确。很多平时成绩不错但大考却考不好的孩子，都有这样的问题。这些孩子在平时学习时只记住了公式，但对公式或知识本身却没有感性的认识，也就是说只完成了知识镜像中的符号记忆，而没有基于表象记忆的对公式或知识的理解，更别谈心理认同了，最终结果便是知识掌握不牢，考试时给一个模棱两可的答案。如果这位同学曾经扎过针，那对比用手指戳向身体某个部位，两种不同的疼痛程度就会让她深刻地体会并理解"压强的大小和受力面积成反比"这一知识。在身体直观感受的基础上，如果再试着用压强的相关知识编写 2 ~ 3 道题目，并在老师或家长的协助下做一做，就可以形成更加清晰准确的知识镜像。

压强小

压强大

结合实际生活对具体学科知识形成感性认识

小结一下，准确的知识镜像，一般要经过符号记忆、表象记忆、心理认同和模型构建四个阶段。具体来讲，首先要记住对应的概念符号，比如 $P=F/S$。然后对概念有理解的过程，也就是结合概念符号理解原处于表象的记忆，比如由于针尖比手指面积小，从而扎针比用手指戳产生的压强大，所以扎针比用手指戳自己疼。接着，表象记忆带来心理上的认同——哦，真是这样！到这步，才算真正理解了知识点。最后还有模型的构建与选择，比如除了实验室的经典实验之外，其他情况下，压力如何判断？受力面积如何判断？压强又如何判断？ 这些属于单个知识点模型的构建。

上面我们了解了知识镜像，知道了如何才能形成准确的知识镜像，那对于没有形成准确知识镜像的部分，该如何处理它呢？让我们进入下节内容。

9.2　错题订正的训练

小乐对于物理知识的学习，完全处于"表象"水平（对老师的讲解不加理解地记忆），没能把具体现象抽象成概念，更谈不上准确的知识镜像。

小芮虽然每次有了错题都及时订正，但还是一错再错，根本原因在于知识没有镜像化，停留在机械记忆和单纯模仿（生搬硬套）上，以为自己已经掌握了，其实不然。

小菁呢，考历史时抓不住考点。

那么到底哪些知识没有镜像化？如何对待这些没能形成准确知识镜像的内容呢？

最方便的方法就是对试卷进行分析,考试是对阶段学习的反馈,试卷可以体现孩子各类知识掌握的情况。通过细致完整的试卷分析，我们可以先找出孩子在概念理解和方法运用上的真正问题，然后再进行科学的错题订正，以此来帮助孩子真正学会知识。我以小芮的试卷分析为例，演示错题订正的步骤和方法。

第一步：找出最不该丢的5~10分。

这些分数，对应的就是我们常说的考试时不会、考完就想起来的题目。

小芮在一次考试时，因为一道题不会做心情烦躁，又看见周围的同学都写得很快，心里更加着急了。他一边念叨"不要紧张"，一边念叨"完了完了"，当时大脑一片空白，什么都想不起来，结果不仅这道题没做出来，而且后面一连错了六题。等到试卷分析时，他才发现，后面六题中，有五题都是平时他能够轻松做出来的。

小芮这种情况属于典型的考试情绪调节问题。不管是平时学习也好，考试也好，适度的焦虑可以帮助自己提高学习效率，但是过于紧张，效率反而会下降。

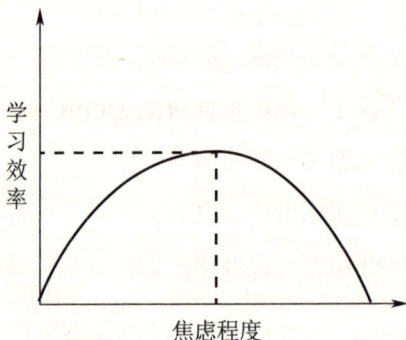

焦虑程度与学习效率关系图

小芮在考试时念叨的"不要紧张"和"完了完了"都是负面暗示，它们不但不会降低焦虑，反而会让自己的担心更加强烈，也就更紧张。其实，小小的几招就能让自己调节好考试情绪，平时需要经常练习，在考试时才能更加自如地使用。下面我们就来看看这些小妙招吧！

1. 给自己制定一些正向的暗示语。

比如"保持冷静""还有时间，慢慢来"，用这些正面描述的语句给大脑以积极的暗示。

2. 发现自己有些过于紧张时，做几次深呼吸或者做小范围的肌肉放松运动。

深呼吸和肌肉放松都能让大脑分泌助人放松、愉悦的激素，从而让我们迅速恢复冷静。可以做哪些小范围的肌肉放松运动呢？我们可以握紧拳头再松开，或者绷紧小腿再松开，或者干脆伸个懒腰。这些小动作，都会让你的身体感觉舒服，大脑也就慢慢放松下来了。

除了因为考试情绪调节不当而引起的失分外，还有计算失误、看错题目、公式记错等导致的失分，对于这些失分，都可以从本书前面内容找出应对策略，在后续的学习和考试中，要加强练习，努力避免类似失误。如果这类题目能保证不失分，那么不同学科的分数累计下来，也能提高不少分。

第二步：把不会做的题目进行分类处理。

这里需要注意一点，即使是自己已经得分的题目，也要把它们分为真正做出来的和碰运气做出来的两类。真正会做的，那就是完全掌握了，不管是知识点，还是解题步骤，都掌握好了，这类题目不用管它。碰运气做出来的题目，一般会存在解题思路不是特别清晰，也就是我们平常说的知识点掌握了，但程序性知识，即解题思路和步骤不是特别清楚，尤其是在解题思路上有可能存在不完整、不全面的情况。比如在解析几何分区间求解时，只考虑到一种情况，而这种情况恰好是有解的，无解的情况没有考虑到，这就属于典型的程序性知识不清楚。

对于不会做的题目，我们可以将它进一步分为完全不会做和部分会做两类。

完全不会做的题目，基本上属于陈述性知识（即原理、定义、概念、语法或者需要记忆的知识等）没有掌握。这些基础知识没有掌握好，解题也就无从谈起。

部分会的题目，基本上属于程序性知识不扎实。这样分类之后，我们就可以更有针对性地去解决问题了。

1. 既要补陈述性知识，又要补程序性知识的情况

对于完全不会的题目，先补充知识点，然后在理解知识点的基础上，进行思路分析和分步练习，把每个步骤的来龙去脉搞清楚，比如整体思路是什么，每一步为什么要这么做，之前要怎么做，之后要怎么做。知识点和解题步骤都非常清晰之后，再进行同类题型的练习，直到看到同类型题目就可以迅速说出相关知识点和答题要点。

比如：若一次函数 $f(x)=ax+b$ 有一个零点 2，那么函数 $g(x)=bx^2+a$ 的零点是_____。

这道题小芮完全不会，分析之后发现，原因在于他没有掌握"零

点"的概念。小芮在分析了错误原因之后，在错题本上记录了自己的分析、思考过程。

下面是小芮的错题订正过程。

错题：若一次函数 $f(x)=ax+b$ 有一个零点 2，那么函数 $g(x)=bx^2+a$ 的零点是_____。

错误原因："零点"概念没掌握，看不懂题目。

思路：1. 零点概念：对于函数 $y=f(x)$，使 $f(x)=0$ 的实数 x 叫作函数 $y=f(x)$ 的零点。

2. 用零点的概念来重新理解题意则可以得出当 $x=2$ 时，$ax+b=0$。

3. 找出隐含条件 $2a+b=0$，则 $a=-b/2$。

4. 将"$a=-b/2$"代入"$bx^2+a=0$"，即可求得零点 x 的值。

通过对错误原因的分析和思路的整理，小芮发现了自己的知识漏洞"零点的概念"，小芮在订正错题时不仅补上了陈述性知识"零点的含义"，还补上了程序性知识，即如何运用零点的概念，找出并借助隐含条件解题。理清概念和思路之后，小芮自己独立完成了解题步骤，之后又多做了一些同类型题目加深印象，这样，这类题目以后出错的概率大大降低了。

2. 补程序性知识的情况

对于碰运气做出来的题目和考试时部分会做的题目，可以自己先尝试复述一下解题需要的知识点，确定自己的陈述性知识没有问题后再进行思路和步骤的训练。小芮分析了自己部分会做的题目，发现大部分属于解题思路不清晰，于是，小芮同样从错误原因和思路两方面进行系统分析，在真正把程序性知识、也就是解题步骤中每一步的来龙去脉搞清楚之后，又独立完成了解题过程。通过对这两类题目的分析、整理，小芮感觉自己函数这章内容已经基本没问题了。

第三步：利用遗忘规律把错题本变薄。

上面两步我们已经分析了错误原因，并对错题进行了订正，那么如何避免一错再错呢？这涉及记忆和遗忘规律。

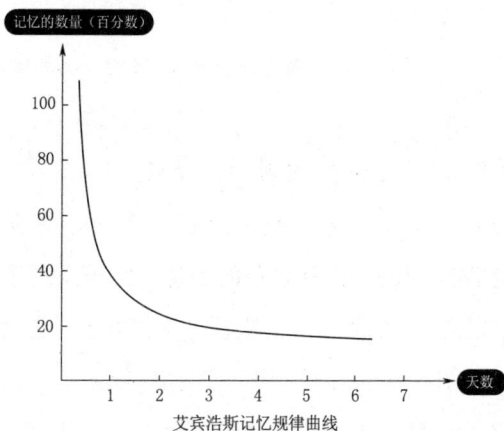

艾宾浩斯记忆规律曲线

艾宾浩斯记忆规律曲线告诉我们，遗忘的速度是先快后慢的，根据这个规律，错题在第一次订正后的 1，3，7 天分别再订正一次，如果这三次都能够迅速、流畅地解出来，那么这类错题就已经变成"对题"，我们已经完全掌握，从此你便可以把它从错题本上划掉了。久而久之，错题本自然会变得越来越薄。错题本在使用上还有一个小技巧：可以将它分成左右两部分，左边写错误原因，右边写思路，解题过程用铅笔写，写完后擦除。1，3，7 天后重新解题，考试复习时把本阶段的错题全部再做一遍。

小芮明白了，只有做好试卷分析，对自己的学习状态和知识水平有全面的了解，才能更有针对性地解决问题，比如调整考场状态、重新学习知识点或者梳理解题思路，这样才会越学越好，越考越好。

9.3 让知识点清晰准确的训练

9.3.1 知识的错觉

也许我们比自己想的更无知，这是《知识的错觉》一书中提到的观点。这本书的作者是美国的史蒂文·斯洛曼（Steven Sloman）和菲利普·费恩巴赫（Philip Fernbach）。

书中有一个实验，心理学家给大学生们出示了一幅自行车示意图（见下图），要求大学生们补全缺失的部分，大学生们觉得很简单，实际上却有一半学生无法准确完成，其中包括自行车赛车手。

知识的错觉测试图 1

之后，心理学家降低难度，让大学生们在下面四幅图中选出正确的图示，许多学生选择了前后轮都缠有链条的图片，而如果自行车真的是这样的结构，那么车轮是无法转动的。

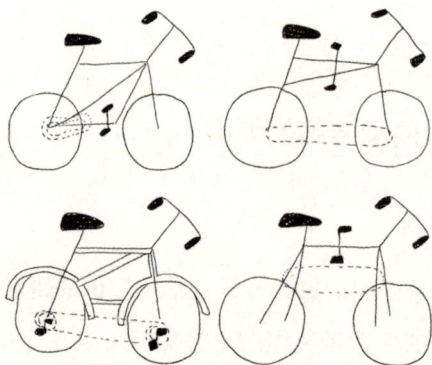

知识的错觉测试图 2

　　这个实验说明，我们对于自己熟悉的事物往往并不是很清楚。还记得你在辅导孩子功课时，从"这还不简单"到"哦，好像我也不是很明白"的感受吗？熟悉一个事物和清楚地理解并掌握这一事物真的相差很远。

　　知识的错觉与知识镜像化呈对立方向。如果只是通过大量做题熟悉了知识点，就很容易形成知识的错觉，它的后果有两个，一是一遇到涉及对知识点深入理解的问题就会傻眼，就像前面的小芮、小乐和小菁；二是会让学习者产生倦怠——不就是做这些题吗，我都会了。几乎所有的重点学校、特色班级都有这样一批学生，成绩优秀，但距离拔尖要差一些，差得不仅是考试时的那几分，更是学习的兴趣。父母和老师总觉得他们学习不够主动，没有发挥全部能力，原因就在于知识没有完全镜像化，而陷入了知识的错觉中——只知道做题，觉得知识没用，和生活不搭边，进而也就失去了好奇心和探索欲。

你有没有过知识错觉的经历呢？《知识的错觉》一书指出："如果你不曾试着说明某样东西，你就会对自己的理解水平感觉良好。"下面有三个问题，请你尝试回答。

1. 请你评价自己对加法了解多少，在 1 ~ 7 分值范围内打分。

2. 如果给你一道加法计算题，你能说清楚计算步骤吗？

3. 现在重新评价你对加法的了解程度。

这和孩子大喊"这么简单，我知道"，然后却被你问得哑口无言，是不是很相似呢？学习过程中，知识的错觉除了体现在对整个知识点理解有误外，还有一种情况，就是对题型的误判，即一看到熟悉的题型便"自以为是"马上开始答题，最终却发现原来自己的认识只是一种"直觉化误会"。就像小乐脱口而出"力可以让物体运动"，然后推理得出"静止的物体不受力"的错误结论，这就是她对力的概念的"直觉化误会"。那么如何避免这种"误会"呢？用直觉化训练和知识镜像化训练可以祛除知识的错觉。

9.3.2 让知识镜像准确的训练——直觉化训练

要建立准确的知识镜像，除了需要良好的文本阅读能力，能够把文字转化为画面、并且串联起来外，还需要有对知识迅速反应的能力，也就是说，看到题目马上就知道"要用什么知识""怎么解决"，这个过程就是直觉化解题的过程。直觉化训练，就是把解题从自然水平提升为直觉化水平的练习。这里有两个专业术语——自然水平和直觉化水平。

通常在"直觉化水平"下，孩子看一眼题目就能马上得出解题方法，而在"自然水平"下，孩子则需要经过思考或者指导才能找出解题方法。学习优秀的孩子，他运用学科知识解题的能力大多达到了"直觉化水平"，看一眼题目不但可以马上做出来，而且可以举一反三，无论题目怎么变化，都可以很快完成。而学习良好的孩子，解题大多处于"自然水平"，也就是需要思考一会儿或者经过老师指导才可以解出来。如果题目比较难，就算是以前做过，也可能还是会做错，或者只能做对一半。

在理科学习中，两种水平下孩子的解题差异尤其明显。很多理科老师都经常讲一句话："理科还是要多做题，找到题感。"这句话其实就是让学生通过大量的练习，完成从"自然水平"到"直觉化水平"的转变。但实际操作中，因为不了解直觉化训练的方法，题海战术不但没能使学生获益，反而引发了他们对学习的厌恶。

直觉化水平是隐性学习能力高度发展的结果，直觉化训练可以帮助孩子对知识的学习达到直觉化水平。那么如何进行直觉化训练呢？它一般需要分五步完成。

首先需要激活表象，使文本（文字信息）转化为画面，初步理解题意。

其次，激活完形，将画面串联起来，进一步形成知识应用的情境。

第三，激活表象，回忆老师讲解相关题目时的画面和声音，有时还要回忆当时做题时的感觉，也就是题感。

题海战术引发了孩子对学习的厌恶

第四，激活空间表征，从情境中抽取出各种量（包括已知量、未知量等），和知识记忆比较，确定用什么知识和方法解题。

第五，回忆整个解题过程，形成解题策略或者学科思维模型。

如果孩子在解题过程中只完成了前面四步，那么就可能出现有时会做、有时不会做的情况，学习成绩很不稳定。需要注意的是，第五步是达到"直觉化水平"的关键，一定要多加训练。下面我们结合例子来体会一下直觉化训练的一般步骤。

下图是小学二年级的数学题，题目以图文的形式出现，就是为了帮助孩子完成从文本到画面的转化。孩子把三个人物画面串联起来，才能得到完整的题目"红布 9 元一米，买 10 米，需要多少钱"，如果孩子完形能力没被激活，就会看不懂题目。读懂题目后，孩子回忆起类似的例题，抽取出单价9元每米和数量10米两个已知量，以及共需多少钱这一未知量，找出已知量与未知量间的关系，即单价 × 数量 = 总价，最后用乘法进行计算：9 × 10=90（元）。有经验的老师会让孩子重新回忆解题过程，描述整个思路，最终达到"直觉化水平"。

对典型例题或处于"自然水平"的题目进行直觉化训练，可以帮助孩子形成准确的知识镜像，同时培养对应的学科思维。这种训练能够帮孩子跳出简单机械的题海战术，真正提高学习能力。下面让我们具体操作一下。

准备：试卷、数学课本

操作：

1. 在试卷中选一些题目测试，检测哪些题目已经到了"直觉化水平"，哪些仍然处于"自然水平"，换句话说，也就是哪些可以一眼看出解题方法，哪些还需要仔细思考才能想出解题方法。

2. 从练习中挑选处于"自然水平"的知识或者习题，也就是还需要思考的题目，按照下面步骤逐步完成。

①头脑预演，主要指将重要知识内容、典型例题的解答流程在脑海中反复"播放"。此时注意提醒孩子将眼球转向左上方，回忆画面。

眼珠转向左上方，回忆知识或方法

②自我复述，主要指复述重要知识点内容以及典型问题的解答方法。注意眼珠朝左中，回忆自己大脑中的声音。

眼珠转向左中方，回忆关于知识或方法的相关声音

③反复演练，即把典型例题重新做一遍或几遍。

反复演练

　　理科学习的重点在于典型例题的熟练解答，以及同类型题目的反复练习。而文科学习，比如英语，则需要对语法、句型等内容进行演练，要通过反复多次的演练来寻找直觉化感觉，直到短时间内就可以想出解题方法为止。

　　这里需要说明的一点是，在日常学习中，除了要对学科知识、解题方法等进行直觉化训练外，还要特别注意出题规则，并将其直觉化。比如数学学习中，不但要会解题，而且还要会出题。孩子可以从数学课本中找出用于解题的定理或者规则，在此基础上自己编写新的题目。这样，这些知识或方法便会在大脑中根深蒂固。

　　直觉化训练最好在孩子学完新内容后进行，每次训练时可以选择课本上的典型例题，循序渐进。如果孩子作业和考试中错误很多，则从反复出错的题目开始进行，以此达到训练一题、完全掌握一类题型的目的。直觉化训练一定要慢和稳，只要孩子有一点不清晰、不准确，就从头开始，不可有半点含糊。

直觉化训练

1. 找到处于"自然水平"的题目，即会做但需要思考，不是看一眼就马上会做的题目。

2. 头脑预演、自我复述：用视觉表象和听觉表象能力巩固解题思路和解题步骤。

3. 反复演练：重复演练解题过程，同时检查思路的准确性，提升解题的"手感"。

9.3.3　知识是否已经完全镜像化："身体电梯"练习

直觉化训练帮助我们避免了知识的错觉，并形成了准确的知识镜像，那知识在我们大脑中是否已经完全镜像化了呢？这一点我们可以通过"身体电梯"感受得到。在介绍知识镜像化训练之前，我们先来了解一下"全息通道"练习。如果你了解量子理论或者读过刘慈欣的小说《三体》，会知道所有的事物都自带能量，我们的身体就是一个大大的能量场，不同能量的事物都和我们身体的能量场对应，分布在身体通道的不同位置上。下面让我们一起认识一下"身体电梯"，它可以帮助我们确定所学知识是否已经完全镜像化。

请你先深呼吸，让自己的心平静下来。只有内心宁静，才更能感受到身体的细微变化。从肚脐下一寸，也就是丹田的位置开始，想象有一个竖直的电梯通道，一直向上，直到头顶。完成之后，再想象几次，确保"电梯"的稳定，而不是时有时无。

"身体电梯"从下方丹田
开始一直到头部位置。

想象"身体电梯"

好的，请你在心里想三个人，比如妈妈、朋友和陌生人，将他们"缩小"为点，分别放入"身体电梯"中。

怎么样，位置是不是不同？有的人在头顶，有的人在胸口，有的人在下腹，对吧？你可以试着上下移动他们的位置，是不是无法移动？这就是神奇的"全息内敛"，我们感情越深、了解越多的人，会越靠近"电梯"的下方。

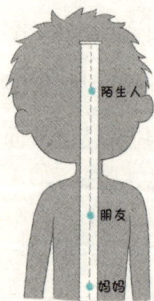

陌生人

朋友

妈妈

想象三个人出现在"身体电梯"中

有的人会用脑子去想，觉得我最在意的人应该放在心里或者头脑里，那样的话结果就不准确了，请按照直觉去完成，不要刻意思考。

这种方法同样也可以用来验证学习的效果。请你在心里想三门学科，你特别擅长的，没什么感觉的和你讨厌的，同样将其"缩小"成点，分别放入"身体电梯"，是不是位置也不一样？最喜欢和最擅长的，是不是出现在电梯的下部？也就是说，一个知识点，如果已经完全镜像化，那么它便会出现在"身体电梯"的下部，也就是我们经常说的知识被"吃透"了。

"身体电梯"的理论来源是信息具身。关于具身，我们在前面已经提到过具身认知理论，具身认知理论认为身体的状态会影响情绪和认知的结果。信息具身是指外界信息在身体里有对应的感受。例如，你早上急着出门，忘记带手机，即使大脑没有想起来"没带手机"这件事，身体也一直有感觉——觉得有什么地方不对劲。我们对一个人或者具体事物熟悉程度有所不同，它们在我们"身体电梯"中所处的具体位置也会有所不同，一般情况下，越亲近、越熟悉的人或事物，在电梯通道中所处的位置就越靠下。

结合上面这一结论，你可以给孩子试一试，某一道题或者某一门功课，他如果说自己掌握了，请他把这道题或者这门课放在"身体电梯"里，看看它会"停"在哪个位置，然后请他讲一讲这道题或者这门课，看看是不是位置越靠下的内容，孩子讲解得越清楚。如果在下腹位置，说明确实掌握了，你可以发现他讲解得非常清楚流畅，并且可以举出很多例子，讲解的时候也非常开心，学到这个程度考试应该就不成问题了。这就是我们讲的知识已经被"吃透"

了，也就是知识已经完全镜像化了。

9.3.4　强化知识镜像

要了解强化知识镜像的方法，还要从学习过程说起。一般情况下，孩子对某一知识的具体学习过程是这样的：

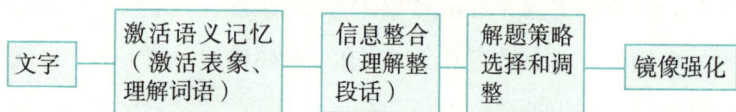

文字 → 激活语义记忆（激活表象、理解词语） → 信息整合（理解整段话） → 解题策略选择和调整 → 镜像强化

为了便于理解，我们结合一个例子来进行说明。

两地相距 300 米，小明和小红同时从两地出发，相对而行，小明的速度是 30 米每分钟，小红的速度是 20 米每分钟，多久后他们会相遇？

假如你是一个二年级学生，看到这道题后，会怎样思考呢？整个学习过程或思考过程会是什么样的呢？

首先，我们要认识所有的字，然后你需要理解一个个的词，在理解词语的基础上，在脑海中想象出与题目相关的画面，之后将小明和小红都抽象成小点，将路抽象成直线，画出线段图或者路程图。

上面这些过程需要激活视觉表象、空间表征和完形能力。通过这些步骤，孩子便完成了信息整合，表现出来便是可以看懂整个题目了。

看懂之后，还要会做，这时孩子就需要去回忆以前的知识与方法，有时还需要对比以前做过的题目，看它们是不是属于同一类型题，通过回忆和思考，形成解题策略。这一过程不仅需要视、听、感表象的回忆和确认，还需要准确的知识镜像，而准确的知识镜像则需要用到我们前面提到的直觉化训练。

现在我们已经建立了准确的知识镜像，那如何强化这些知识镜像呢？

镜像强化一般分为以下六步。

心理认同 → 经典例题 → 概念理解 → 自我复述 → 变式练习 → 身体电梯

我们以一个初中物理知识为例来体会一下知识是如何一步步得到镜像强化的。之所以选初中知识是因为小学知识对知识镜像要求比较低，成绩的"欺骗性"很大。

一个孩子学浮力这章，怎么都学不会。对照镜像强化的六个步骤一一排查后，发现在第一步心理认同上就已经出现了问题。他从来没有留意过在水里浮起来的经验感受，认为东西一放到水里就会沉下去，所以怎么也不能接受这个概念。这时，就要让孩子去感受一下浮力，比如把手放在一盆水里感受浮力。很多孩子对生活缺少细致的观察，这对物理、化学等与实际生活密切相关的学科的学习是很不利的。

其实我们的教科书已经注意心理认同的重要性了。中小学课本在讲概念和例题等具体知识前，都会用一些生活案例来说明这些知识的具体运用，这在一定程度上会帮助孩子对即将要讲的知识产生心理认同。但在实际教学中，很多老师会觉得这是多余的，他们会跳过这一部分内容直接讲题，这样做破坏了孩子学习的自然过程。除此之外，孩子对老师的认可度也会对心理认同产生影响，如果孩子对任课老师反感，那么他便不相信老师的讲解。这种情况下，需要先对孩子进行情感上的辅导，消除情感上的障碍。亲其师，信其道，这句话我们老祖宗几千年前就说过，它确实是有心理依据的。

第二步，经典例题。孩子对浮力有了体验后便对浮力产生了心理认同，在此基础上再让孩子做课本上的经典例题。经典例题是最准确的学科知识点模型。

第三步，概念理解。经典例题会做了，再让孩子举例说明概念。比如对于浮力，可以举出游泳、纸船等生活实例。要注意在举例子的时候，这些例子一定是自己实际观察到的，而不是背下来的。

第四步，自我复述。接着让孩子把概念背诵一遍，或者用自己的话讲一遍，低年级的孩子直接背，初中以上的孩子鼓励他用自己的话讲一讲。

第五步，变式练习。一般情况下，孩子在学完一课之后都会做对应练习册上的作业，练习册上的习题一般都会由简单到复杂来编排。对于这些习题，很多聪明的孩子会凭着记忆套公式、套例题来做，这种练习往往达不到强化知识镜像的目的。变式练习，就是要给孩子一些灵活的题目，最好是综合性的，涉及学过的其他知识点，让孩子没法"套"。需要强调的是，变式练习一定要在前四步完成的基础上进行，否则孩子会因为难以完成，而对这一内容产生厌恶。如果孩子可以自己出题，那是最好的了。

第六步，身体电梯。按照前面的做法，把这个知识点"打包"

放到"身体电梯"里，如果前五步完成得很好，那么此时的知识应该是在电梯通道下方位置。平时也可以让孩子每学完一个知识点，就将其"打包"放入身体，并且尽量向下"压"，尽量"压"到下方。从具身认知的观点看，身体的记忆同样很强大，它会帮助我们进一步强化知识镜像。

方法总结 **强化知识镜像**

1. 数呼吸 14 次，身心放松。

2. 找出和知识点相关的生活经验，产生心理认同。

3. 独立完成典型例题。书上的典型例题是最基础和最准确的学科知识点模型。

4. 背诵或者复述概念，用自己的话解释概念。

5. 变式练习。也就是多做灵活的题，然后和典型例题比较两者的差异，鼓励孩子自己出题。

6. 运用"身体电梯"确认知识是否已经镜像化。

注意：这些步骤，不需要全部完成，找到孩子没做好的环节完成即可。

PART 4
学习的助推器：
时间和情绪

第十章
时间管理——
无形的计划表

张平,男,重点中学实验班高三学生。离高考还有 35 天,张平和妈妈一起来到我的工作室。原来张平本月已经第三次考试紧张。前天晚自习,数学老师宣布随堂测验,他突然感觉喘不过气来,就和数学老师请假回家,结果刚走出教室门就晕倒了。父母赶紧带他去医院治疗,一圈查下来,身体没有任何问题。医生说是心理压力过大造成的。

针对张平的情况,我先用放松技术降低他的紧张度,接着通过心理绘画,我发现他潜意识里存在强烈的分离焦虑,他对离开父母去外地上大学内心有着无名的恐惧。针对这一问题,我调整了他的时间线,调整后的时间线改变了对未来的期待,并让过去、现在、未来的事件有序归位。最后,张平如愿考上了某 985 高校。

在上述案例中,我通过下面步骤对张平的时间线(关于时间线,本章会做详细介绍)进行了调整。

第一步,进行呼吸放松练习。

我让张平坐在沙发上,双手自然垂在身体两侧,注意肩膀放松。深深地呼出一口气,让腹部收缩到最紧,然后自然吸气,腹部充盈。重复十次。

第二步,拉出时间线。

我让张平回忆过去、现在、未来各一件事,越具体越好。回忆出来后,让张平把这三件事"压缩"成点并放在身体周围。最后,让张平把三个点连成一条线,这条线就是张平的时间线。张平的时间线如下图所示。

张平的时间线混乱

　　张平的时间线是典型的前后型内时间线（这种时间线从身体内穿过，感受性比较强，执行力较弱，这一点不同于外时间线），而且是弯曲的内时间线。时间线上的未来和自己的身体重合，过去在前方，现在在后方。这使得张平脑海里经常浮现出未来的场景和感受——自己离开家一个人上大学很孤单，同时注意到过去——和父母相处多么温馨、快乐，而现在，即高考前的准备，却被抛在脑后。

　　第三步，调整时间线。

　　首先让张平闭上眼睛，想象自己浮在空中，而时间线则在地上。之后再让他看着自己的时间线，并且将之前弯曲错乱的时间线调整为前后的直线。接下来，想象自己拿到录取通知书的场景，越具体越好，想象完后将其"缩小"为点"插"在"未来离开家"这个时间点之前。之后，想象自己上大学后，在大学里学习生活的快乐情景，假期和父母再次团聚，越具体越好，将其"缩小"为点"插"在"未来离开家"这个时间点之后。最后，让自己"落"下来，分别落在新插入的两个时间点中，去想象那时的感受，越具体越好。第五步，让自己"浮"起来，重新审视自己的时间线。张平的时间线最终调整为下图。

张平调整后的时间线：过去、现在、未来有序排列

以上就是张平通过调整时间线确立合适的目标、消除焦虑、有序迎接考试的过程。我们可以结合自己的实际情况，按照上面方法，自己先练习几遍，再指导孩子调整时间线、设立目标。需要注意的是，时间线并不需要用笔画出来，前面两张示意图，是为了让大家看得更明白而补充的，并非张平现场绘制。

读了这个案例，你是不是觉得时间线非常神奇呢？确实，我们的身体往往比我们的头脑更"聪明"。我们经常制定计划，却实行不了，后悔年轻时蹉跎了岁月，相信本章中的时间管理和时间线调整练习可以帮助到你。

10.1　常用的时间管理方法

每个孩子的起点不一，家庭能够提供的资源不同，但有一点对所有的孩子来说都是公平的，那就是时间。所有成功的人，大多都是能够有效利用并管理好时间的人。时间管理中，对孩子影响最大的问题有两类：一类是日常生活中如何有效利用时间，第二类是考场上如何合理利用时间。

10.1.1　时间管理三步曲

在日常生活中，拖延很容易引发亲子冲突。孩子做作业磨磨蹭蹭，家长在一边着急上火。拖延的原因有很多，家长常常注意到的有两种：一种是由于学习能力不足、无法按时完成任务而引发拖延，另一种则是学习情绪不良、缺少动力带来的拖延。可是，你有没有注意过，孩子的时间真的够用吗？无法有效利用时间也会导致拖延，那么如何合理利用时间呢？第一步要分析时间利用率，第二步按轻重缓急为要完成的事件排序，第三步制定任务计划。这就是我们日常管理时间的三步曲。

第一步：分析时间利用率——时间清单法。

只有真正搞清楚时间去哪儿了，才能知道孩子到底有没有拖延。

通过对孩子的时间进行分析，你可能会对自己的发现感到惊讶——原来孩子这么忙！让我们通过孩子的时间清单来看一下吧！

列时间清单首先要对时间进行分类，主要分为三类。

第一类时间，我们叫作任务时间，是用来完成必须要做的事情的时间。比如说上课的时间，上辅导班的时间，还有一些其他课外活动的时间。这些都和孩子的短期或长期目标有关，一般会占用固定的时间段，无法压缩。

第二类时间，我们叫作生活时间。这些时间和维持正常的生活有关。比如日常吃饭、喝水，洗脸、刷牙、上厕所，睡觉，有的孩子还包括家务劳动、照顾宠物等。

第三类叫作自由时间。这一部分时间孩子可以自由支配，做他自己想做的事，比如玩耍，追求某种爱好，或者自在地发呆。

我们以周为单位记录时间安排，每周 168 小时，孩子每种类型的时间占多少比例？以一个一年级孩子为例，周一到周五，每天在学校上课6小时。周六、周日上午分别去上奥数班和英语班各2小时，周六晚上钢琴课 2 小时。为了完成这些任务，他还需要做作业、在家练习、去学校和培训机构，这些都需要花时间。加在一起大约每周 56 小时，这是他一周的任务时间。现在他还有 112 小时，再除去每天 9 小时的睡眠，每天吃饭洗漱大约 2 小时，总计 77 小时的生活时间。除去任务时间和生活时间，他还有35小时可以自由支配，平均到每天是 5 小时。对于一年级孩子来说，自由玩耍、运动游戏也是非常重要的，其实也需要每天保证，这样一算，自由时间是不是更少了？下表是一周时间记录表，为了准确起见，请完整记录一周中的每件事及它需要的时间。完成之后，从表中你便可以看出孩子时间分配情况以及利用情况如何，在此基础上进入第二步。

一周时间记录表

	周一	周二	周三	周四	周五	周六	周日
任务时间							
生活时间							
自由时间							

第二步，按轻重缓急给事件排序——要事优先法则。

生活中每天都有很多事需要处理，到底什么是要事呢？有助于我们实现目标的事情就是重要的事，目标包括短期目标和长期目标。短期目标一般是为长期目标服务的。例如，你希望让孩子改掉拖拉的习惯，相比盯着孩子做作业，可能学习更有价值的教育方法反而更重要。对于孩子的成长和教育，考试、过级都是短期目标，我们最终的目标是希望孩子拥有幸福的能力。从这个意义上说，孩子的娱乐、休息、自由阅读也是重要的事情，而非无关紧要。重要的事不一定都很紧急，比如阅读优秀作品非常重要，但并不需要立刻就完成。紧急的事也未必有你想象的那般重要。它可能是要事，也可能不是要事。例如，明天要进行阶段小测试，这是一件紧急的事，但并一定是重要的事，因为一次平常的考试并不一定会影响孩子的未来。

我们可以用下面的表格为事件排序，对于紧急重要的事件，我们要优先完成，对于重要不紧急的事，我们可以安排其他时间有计划地完成，对于紧急不重要的事，可以放松心态按时完成，对于既

192

不紧急也不重要的事，则选择不做。

事件优先等级排序表

	紧急	不紧急
重要	首先完成	安排其他时间有计划地完成
不重要	放松心态按时完成	坚决不做

第三步，制定计划——SMART 原则。

当你帮孩子理清事件或任务的重要性和紧急性后，就可以列一张具体的时间表，把事情一项项填进去，就像你平时常常给孩子列的计划表一样。现在我们对孩子的时间安排和任务完成先后顺序更清楚了，接下来就是具体执行了。很多时候我们时间表中的任务目标完成不是很好，这其实和目标的可执行性有关。那么如何制定任务目标才能提升它的可执行性呢？这要用到 SMART 原则，我们需要按照 SMART 原则给孩子制定目标。什么是 SMART 原则呢？S 表示明确，M 是指可衡量，A 指可达成，R 表示相关性，T 指时间限制。

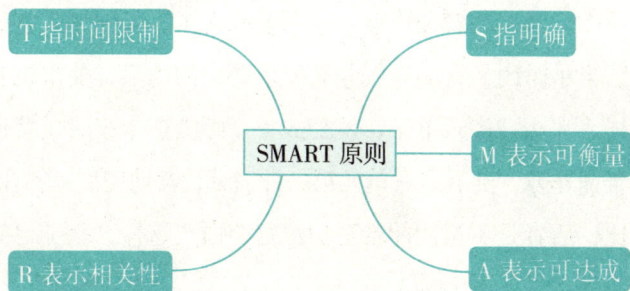

T 指时间限制
S 指明确
SMART 原则
M 表示可衡量
R 表示相关性
A 表示可达成

SMART 原则的具体含义

下面我们结合例子来体会一下 SMART 原则。例如，小明妈妈看到小明闲着，就对小明说："别闲着啊，去背书。"这个目标就完全不符合 SMART 原则。首先，背书的任务是非常不明确的，到底背哪一科？语文还是英语？课内还是课外？具体哪一篇？其次，背书的结果没办法衡量，是只要能背得出来就可以了？还是需要默写出来？孩子不知道要背什么内容，也不知道背到什么程度，自然是没办法执行并完成了。另外，为什么让孩子背书呢？是为了补缺补差，还是完成当天的学习任务，还是父母信口开河、随口一说？这就是缺少了相关性，背书和学习目标没什么关系。最后，背多长时间呢？也不知道，没有时间限制。现在你知道，随口一说让孩子去学习是多么不靠谱了吧！

我们现在一起来把"背书"这个任务按照 SMART 原则改清楚。我们按照 T–R–A–M–S 的顺序来反推任务。第一，时间限制 T。孩子有多长时间可以用来学习。比如孩子睡前半小时没有其他安排，我们可以确定这个任务的时间是半小时。第二，相关性 R。半小时用来完成今天学校的背诵作业。这两条确定了，其他三条就很容易确定了。半小时内，背诵学校今天要求背诵的内容，要求也和学校要求一样。那么"去背书"，就变成了"睡觉前半小时，背诵老师布置的背诵作业，英语第三单元第一课对话，背诵完后默写出来"。前后对比，后者是不是比前者更加清楚明白？这样，孩子自然也清楚自己要怎么做了。

1. 详细准确地记录一周的时间，按照任务时间、生活时间和自由时间分别统计，分析时间利用现状。

2. 利用要事优先四象限法则将事情按轻重缓急分类，并列出任务清单或者时间表。

3. 根据 SMART 法则明确任务目标，指导孩子开始行动。

10.1.2 提升考试效率——单题时间记录法

关于考试时的时间安排和利用，学校老师都教过：先浏览全卷，了解难易程度，先做会做的，难题放最后。这样安排可以保证会做的题全做完，不至于出现因时间不够而会做的却没做的情况。但在实际考试中，孩子却很难完全执行，除了因为过度紧张导致的遗忘或者失误外，很多孩子会忘记考试的原则——尽量得分，而非与平时一样去和难题死掐。这类孩子往往是平时学习成绩优秀、喜欢挑战困难的孩子，因为考试时间没安排好，没能考出应有的水平，实在是可惜。究其原因，主要是因为这类孩子在考试过程中只专注知识的回忆而没有意识到时间安排的重要性，解决方法很简单，可以试一下在家不限时模拟考试。在具体操作时可以让家里人帮助记录完成每一题需要的时间，然后孩子自己找出问题。下图就是一个高三孩子在模拟考试时对每一题完成时间的记录，特别注意不限时，很明显她已经通过记录表意识到了问题。只要意识到，就会改变。

用单题时间记录法提升考试效率

这个方法简单易操作，作为家长要切记只记录、不发声。你是要做孩子的帮手，协助孩子进步，而非做"狱警"，监督管理孩子。

10.2　用时间线提升执行力

很多孩子拖延，其实是因为父母对孩子的时间安排不合理、任务要求不明确而导致，此时你可以用前面介绍的时间管理三步曲来帮助孩子管理时间。同时，你也可能发现，时间管理三步曲对你家孩子不管用，计划再完美，孩子也不愿意执行。原因何在？

10.2.1　孩子拖延的其他原因

其实，很多因素都会引发孩子拖延，到底是哪些因素呢？让我们来一一看下。

1. 情绪

我们在孩子学习的时候，经常会强调意志的重要性，态度的重要性，但却容易忽略掉最重要的一点，那就是情绪。你可以回想一下自己，当我们情绪比较差的时候，做事也会拖拖拉拉、不想去做。那情绪是如何影响孩子学习的呢？

影响孩子学习的情绪主要有两类，一类是外在的情绪，包括家长带给孩子的情绪，比如孩子在写作业时，家长的态度会直接影响孩子的学习情绪。除此之外，还有老师对孩子的态度，也会影响孩子的学习状态。曾经有个高三孩子特别害怕老师，不敢直视老师的眼睛，如果不小心看到了，就会心跳加快，只有离开教室情绪才会稳定下来。追根溯源才发现，"病根"在初三时班主任的一次"情感伤害"。解决了深层次的情感伤害后，这个男生用了一学期时间，最终考上了一所 211 大学。你看，情绪的力量是如此之大。

第二类情绪是孩子的学科情绪。有个孩子非常讨厌政治，只要上政治课就觉得烦，烦到连自己都觉得对不起政治老师，可还是烦。为什么呢？因为他政治成绩从来没及格过，同时觉得政治很无聊，但为了中考又不得不花时间学，结果越逼自己越觉得难受。这种情绪会导致越来越严重的偏科。

如何管理情绪，孩子才能有最佳的学习和生活状态呢？详见后面"情绪管理"相关章节。

2. 时间线混乱

我们发现，有些孩子在家长的指导下会把计划写得井井有条，但到真正执行的时候却很不理想。对此，家长会很生气，会觉得孩子态度不端正，其实事实并非如此。孩子之所以无法按时完成计划，其实是因为他的时间线混乱造成的，那么时间线是什么？时间线其实就是我们大脑里面对事件先后顺序的一个排序。平时即便事情比较多的时候，我们也不需要编制时间表，自然就知道先做什么后做什么，你会挑选重要紧急的事先完成，这就是我们大脑先天就有的时间线管理能力，它的自我调节能力很强。但小孩和大人还不完全一样，孩子的时间一般都由父母来管理，如果管理不好，那么他的时间线便会处于混乱状态，进而导致拖延。如何利用时间线来提升执行力呢？本章会为大家做详细介绍。

3. 追求完美的性格

我们在前面讲到考试时间分配时，提到过一种孩子，他们在考试时一定要把所有题目、包括难题都做出来，这种孩子的性格有追求完美的倾向。追求完美的人他们在做事时要求自己做到最好，否则就不想去做。这种性格会激励孩子不断进步，挑战困难，但反过来也可能会引发孩子拖延。很多学习好的孩子在写作文时也容易拖延，问他们原因，他们会说自己没有灵感，无法写出一篇很优秀的作文，所以不想写，这其实也和追求完美的性格有关。如果家长自己是一个追求完美的人，那么孩子也很容易"继承"这种性格。

4. 任务过多，引发逃避情绪

家长经常会忽略一个事实，那就是孩子的学习任务太多，多到他没办法完成。他把学校里的作业做完之后，可能还有培训班的作业，培训班的作业做完之后，家长又给他布置了新的作业……他感觉自己的作业是无穷无尽的，没个完。有的孩子学习动力很强，他自己会主动去完成，而对于很多学习动力不强的孩子，他们则不愿去完成。家长如果逼他，他就会磨磨蹭蹭，根本原因在于他看不到希望。

引发拖延的原因很多，那么如何应对拖延呢？本章我们重点为大家介绍一种科学有效的工具，那就是时间线。时间线不仅可以帮助我们提升执行力，而且还可以帮助我们切割负面情绪。下面先让我们来体验一下时间线。

10.2.2　时间线体验

情景一　明天早上有一个重要会议，你把闹钟定到早上6点。快到6点了，闹钟还没响，你已经醒来了。

情景二　准备去超市购物。从关上家门那一刻起，你就觉得哪里不对劲，可左想右想，还是没搞清。等到从超市回来，突然发现：哦，忘带钥匙了。

我们经历和计划的每一件事都会留下表象记忆，这些表象记忆储存在大脑中形成了时间线。像上面两个例子一样，我们每个人的时间线都在发挥作用，只是你以前不知道那就是时间线。接下来，你可以跟随下面步骤"拉"出自己的时间线。

第一步，请找到一个安静、不受打扰的房间，坐或者站着都可以。你可以睁开眼睛，也可以闭着眼睛，只要自己觉得舒适即可。

第二步，上次去孩子学校是什么时间，还记得吗？试着回忆当时的所有情景，包括学校的景物、遇到的人、说过的话、听到的声音，还有当时的感觉。所有回忆内容要尽量清晰、鲜明。

第三步，任选左手或右手，并打开手掌，把你上一步想到的所有画面、声音、感受统统"抓"在手心里，"抓"成一个点，放在身体周围的空间里。

第四步，你现在处在一个什么样的环境里，看到、听到、感觉到什么？同样"抓"成点，放在身体周围的空间里。

第五步，这个周末你有什么计划呢？想的越具体越好，想象出你完成计划时的场景。例如，你周末打算去超市购物，请想象你要去哪个超市，准备购买什么商品，你会看到什么、听到什么、感受到什么。同样将它们"抓"成点，放在身体周围的空间里。

第五步，现在你拥有了三个点：过去、现在、未来，请按时间先后顺序，将这三个点连成一条线。好了，这就是你的时间线。

我的时间线

你的时间线有什么特点，代表什么含义呢？让我们来解读一下时间线。

10.2.3　时间线解读

刚才我们把事件"抓"成点的操作，你是不是很熟悉？没错，我们在前面讲激活空间表征的方法时介绍了一种方法叫抓空法，这种方法就用到了这一操作。如果孩子空间表征激活差，那么他的时间管理也会很混乱，他们无法将事件"压缩"成点，也无法对事件进行排序。利用表象系统和空间表征两种隐性学习能力，我们意识到了隐藏在大脑中的时间线。现在你对"时间线就是过去、现在、未来事件在我们大脑中的排列顺序"这句话是不是有更深的理解了呢？这些事件以表象记忆的方式储存在我们大脑中，根据表象记忆位置的不同，时间线有两种类型，外时间线和内时间线。

外时间线的人，时间线从身体外面经过，以左右方向为主。自己可以清楚地看到时间线两头的情形，所以做事会比较条理，同时也会比较有压力。

外时间线

内时间线的人，时间线从身体内部经过，以前后方向为主，当下的事件与身体重合，部分时间线在自己身后，看不见，所以感受性比较强、计划性较弱。

过去　　　　现在　　　　将来

内时间线

两种时间线都是正常的，没有好坏之分。时间线的内外，只与时间线和你身体的相对位置有关，而与方向无关。只要时间线从身体内部穿过，就是内时间线。时间线从身体外部经过，就是外时间线。

时间线的内外类型和你记忆、规划事情的方式有关。外时间线的人通常更有条理，处理事情时也更冷静，不容易感情用事。内时间线的人，在做事时更容易受情绪影响。相对来说，热爱理工科的人以外时间线居多，"文艺范"则多属于内时间线。

时间线除了类型不同之外，还有方向的区别。注意看上图箭头的方向和人脸的方向，对于外时间线，以人当下的位置为现在的时间，往左是过去，向右是未来。越往左，代表过去时间越久，比如一年前的某件事就会比一个月前的某件事更靠左。注意：左边是未来、右边是过去的方向适合左利手。而对于内时间线，时间线的箭头是前后方向，后方是过去，前方是未来，人站立的位置是现在。

现在我们来看一下你的时间线。

第一个问题，你的时间线是不是直线？

如果时间线是曲线，那么就意味着你的时间感是混乱的。例如本章开始案例中张平的时间线，在没有调整之前，未来的时间点和身体重合，这让他无法安心学习，只要一开动大脑，就会想起未来的事情。还有的孩子，他的时间线中过去、现在、未来全部纠缠在一起，表现在任务执行上，就是做作业时经常发呆，一会儿想到过去的事，一会儿又想到未来。有些孩子明明在做作业，却突然会笑起来。你知道他走神了，但却有可能不知道原来是时间线混乱引起的。

第二个问题，你的时间线方向是否正确？

"左—右"或"后—前"代表"过去—未来"。曾经有一个孩子，犯了错误却总是屡教不改。老师觉得非常奇怪，因为他平时很听话、很乖巧，不是调皮的孩子。结果拉出时间线一看，他的时间线是"前—后"方向，也就是过去和未来方向颠倒。这意味着什么呢？他的未来没有在前面，反而出现在了身体后面，这也就是俗话说的"计划被扔脖子后面了"。

如果你的时间线是弯曲的，或者方向有问题，请你自己进行调整。调整的方法很简单，你用手把线"捋"直理顺就行了，就好像真的有一条线似的。

现在你明白时间线在时间管理中的重要性了吧！

10.2.4 用时间线执行目标的方法

再明确的目标，再缜密的计划，如果执行不到位，那么效果都可能会大打折扣。第二天有活动需要 6 点起床。临睡前，你想象明天早晨起床后做准备的情景，之后安然入睡。第二天一睁眼，刚好6 点。这就是你自己在时间线上设立了目标，然后时间线自动执行目标的过程。但真正操作起来可没那么简单，很多时候，孩子会一脸真诚地告诉我们：我想了早上 6 点起床啊，可就是醒不了。时间线上的事件是表象和空间表征的结合，用时间线制定目标的关键点有两个：一是对应事件的时间点要准确。比如你想着 6 点起床，时间点就得放在时间线对应的位置，不能随意放。二是对应的事件要足够生动形象。只一句"明天 6 点起床"是远远不够的，需要在脑海里把起床的场景变成电影播放一遍。

那么用时间线执行目标的一般操作是什么呢？一般可以分为下面几步来完成：

1. 身体放松，闭眼坐好。如果紧张，可以先进行 10 次腹式呼吸，并且在吸气时慢慢放松，从上到下依次放松身体的每一个部位：额头放松、眉毛放松、脸颊放松……直到脚趾放松。

2. 回忆过去、现在、未来各一件事。为了不刺激自己的潜意识，选取回忆常见的生活小事为好，比如上周日早上刷牙的情景，越具体越好。同样，现在刷牙，下周日早上刷牙，都是越具体越好，让表象充分激活，有画面、有声音、有感觉。

3. 把这三件事分别"抓"在手里，并"抓"成小点，放在身体周围。然后把这三件事，按过去、现在、未来的顺序连起来。

4. 调整时间线为直线，方向为"左—右"或者"后—前"，并把时间线放在地上。

5. 想象自己浮在空中，俯视地上的时间线。

6. 在时间线的右边或者前方（未来）方向找到时间点，也就是未来你要做的某件事的时间，并用力在线上点上这个点。例如张平要让自己晚上 7 点准时做作业，就在时间线上找到晚上 7 点对应的位置，在上面点上一个点。

7. 调整点的大小、颜色、亮度，直到你觉得舒服为止。一般来说，点越大、颜色越鲜艳、越明亮，你对这件事的紧迫感越强，但过强可能会引发焦虑，所以只要自己感觉舒服就好。例如，一开始点上的"晚上 7 点做作业"这个时间点是黑色的、很小的点，它不足以引起张平的注意，这时可以把这个点调大，调成他喜欢的、明亮的绿色。如下图所示。

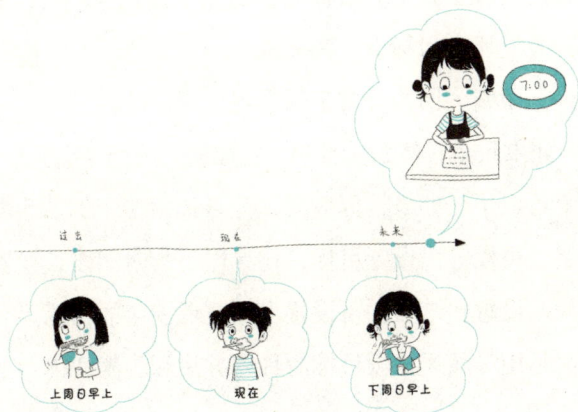

用时间线执行目标

8. 从空中落下来，落到这个点上，想象目标达成后的画面、声音和感受。当这些感觉非常强烈后，跳出这个点，想象自己浮在空中。例如，张平想象自己端坐在房间的书桌前，米黄色的桌面上放着红色的英语练习册，他翻到 62 页，从第一题开始认真地做，感觉整个人非常专心。完成这一步的时候，有些孩子会觉得很奇怪，看到另一个自己在做什么，说明他完全进入了自己的时间线，目标设置非常有效。

9. 在空中俯视刚才设置的点，眼珠左下，自己对自己说："我要……（具体目标），为了实现这个目标，我还要……（分目标）"例如，张平如果要设置期中目标，可以这么对自己说："期中考试我要进班级前三，为了实现这个目标，我本周要完成所有学科错题的复习。为了完成错题的复习，我周一晚上 10：30 开始复习数学错题……"

10. 在时间线上找出分目标对应的点，重复五、六、七三步设置分目标，直至所有目标设置都完成。

11. 睁开眼睛，回归日常生活学习。

注意：如果只是具体的一件事，比如明天晚上 7 点开始做作业，到第七步就可以了。如果目标太大，分目标太多，例如我期中考试要进前三名，可以分段设置目标，比如以月为时间段，设置月度目标和周目标。设置熟练后，再设置半年或者一年的目标。

上面就是用时间线执行目标的具体方法和步骤，你会了吗？

10.3　用时间线切割负面情绪

　　上面我们了解了利用时间线来有效执行已经制定好的目标和计划，接下来我们结合案例来探讨一下如何利用时间线来切割负面情绪。

　　小林是我第一个远程辅导的个案。他父亲听了我在线上的课程后，觉得我也许可以真正帮助孩子，所以就预约了远程辅导。就这样，我和远在东北的小林通过网络见面了。小林在省城一家重点高中读高三，他一直都很努力，但却成绩平平，班级排名大概在中下。小林告诉我，上课时，他总会不由自主地观察老师。如果发现老师看他，脑子里就会立刻冒出一个声音"老师对我有意见"，觉得浑身不舒服，之后就什么内容也听不进去了。他有两个关系要好的同学，经常在一块打球，每天中午都一起在食堂吃饭。不管是一起玩，还是一起吃饭，他都会突然受同学的某句话或者某个动作的影响，觉得同学对自己有意见，然后浑身不舒服。上自习和考试的时候，也不能受到任何干扰，否则就会浑身难受，无法做题。小林还说，以前他不这么敏感，性格大大咧咧，别人说什么都不在意，学习成绩也不错，这种敏感的状态是从初三上学期开始的。

　　一次语文课上，老师临时听写生词，匆忙间，小林把记录生词的纸条夹在了生词本下面，结果被老师发现了。老师觉得小林在抄袭，小林解释说是误会，老师没有相信，当着全班同学的面大声责骂了小林，并且连带批评了他父母。小林很生气，又不敢争辩，就说自己的父母可以证明。老师让他打电话把父母找来，小林的母亲来到学校，证明小林昨晚认真背诵了生词，并且让小林再写一遍，证明自己没抄。老师没让小林写，也没再说什么，就让小林回教室上课了。后面一节还是语文课，老师平静地上着课，小林却什么也听不进去了。一个月后便是期中考试，小林想要证明自己成绩优秀、不会抄袭，就特别努力。果然，期中考试小林考得很好。但语文老师并没有注意到小林的成绩，更没有表扬他的努力，还是淡淡地对待他。

小林觉得自己的努力并没有让老师改变态度，就发信息和父亲说这件事。父亲回信说，老师也是人，并不是什么事都很公平的，有些老师也会有一些偏激的想法。这条信息是上课收到的，当时是英语课，英语老师是小林的新班主任。英语老师听到手机响，拿过手机看了一眼，没说什么，就还给了小林。但小林却感觉心里毛毛的，一节课都在想着各种可怕的后果。从那以后，不但上语文课会紧张不安，总觉得语文老师盯着自己，上英语课的时候也觉得老师对他有意见，课听不进去，单词也背不下来。英语也从原来的九十多分变成了不及格。慢慢地，小林的焦虑情绪蔓延到了所有学科，就连基本的同学交往也受到了严重影响。中考前，小林觉得实在无法在学校复习了，自己回家复习了半个月，中考成绩反而提高不少，如愿考上了省重点。进入高中后，老师、同学都换了。爸爸、妈妈也安慰小林，让他调整好自己的状态，别那么敏感，安心上课。小林也知道老师和同学并不是"对自己有意见"，但一上课，就会不由自主地敏感起来，这种状态持续到了高三上学期，新课都上完了，进入总复习阶段，学习任务越来越重，小林的这种敏感状态对学习的影响也越来越大，对此，全家人都感到特别苦恼。

听了小林的叙述，我做出了初步判断，这是一例典型的因为过往创伤事件导致的严重情绪问题，并且已经泛化，需要从认知、情绪和行为上同时做出干预。

首先从认知上让小林理解自己现在的人际敏感是初三时的创伤事件导致的，具体来讲是因为创伤事件中的情绪没有得到及时处理，从而引发了"糟糕至极"的灾难性思维，这种思维导致了小林上课会特别留意老师的言行，并且在老师注意自己时出现自动化的评价——"老师注意我了，老师对我有意见"，同时伴随着焦虑、紧张、担心、愤怒的情绪。

因为创伤性记忆的时间太长，已经进入潜意识，所以仅仅在意识层面对话是远远不够的，我尝试了意象对话技术，让小林想象一幅画面。

小林想象出一片丰美的草原，远处有牛羊在悠闲地吃草。近处是一头强壮的公牛，看着远处的牛羊。我让他感受一下这头牛的情绪，他说是愤怒的，但不知道为什么愤怒。我让他再仔细看下，他看到了一边的牧人要赶着这头牛回家。

通过和小林讨论，小林意识到这头愤怒的牛就是他自己，初三被老师误会时，他其实除了担心、害怕、羞耻，还有强烈的愤怒，愤怒老师不相信他，愤怒自己太弱小，不敢反抗老师。

最后，我用时间线技术处理了这一负面情绪，操作和上一节制定目标有很多相似之处。

第一步，和前面一样，指导小林"拉"出时间线。

第二步，小林想象自己浮在空中，在时间线上找出初三引发创伤的时间点，那是一个黑色的、巨大的三角形的点。

"拉"出时间线，找出引发创伤的时间点

第三步，找出生活中快乐时光的时间点。小林回忆起和家里的狗一起玩耍的时间，父母陪伴自己的时间，居然还想起了小学获奖的时间。

第四步，分别进入这三个时间点，感受当时的美好感觉。

第五步，把初三创伤性事件对应的点从时间线上切割掉。

第六步，带着美好的感觉，在切割掉的位置上重新设置一个时间点，调整成自己喜欢的颜色和形状。

找出快乐的时间点，并替换掉悲伤的时间点

第七步，进入新设置的时间点，带着现在的力量和智慧去处理当时的事。

第八步，浮起，再次查看时间线，观察时间线上新设置的点是否牢固，如果不牢固，重新设置；如果牢固，则睁开眼睛回到现实。

如果你的记忆中有严重影响生活的创伤事件，可以尝试像小林一样从时间线上将其切割掉，并换上新的令自己满意的事件。这是因为很多时候我们的记忆并不完全忠于事实，更多的是我们自己在创造，所以，带着美好的感觉去创造新的记忆吧，它不仅可以让伤痛远去，而且可以让我们幸福满满。

第十一章
情绪管理——
学习的推进器

案例 一个得抽动症的孩子——情绪的身心反应

文文是我印象非常深刻的孩子。一年级时，他各科成绩都在90分以上，二年级时成绩突然直线下滑，期中考试数学23分，语文7分，不但成绩很低，考试时还蹲在地上玩纸卡。三年级时，学校要求父母带他去检查智力，父母带着文文去了知名儿童医院心理科，一串检查下来，结果是智力正常。带着检查结果，文文回到学校继续上学，但老师们对他的行为不再管束，只要求不影响其他同学。

第一周，文文除了上课不听、继续玩纸卡外，其他还算正常。第二周，文文上语文课又在玩纸卡，不但自己玩，还拉着同桌一起玩，动静越来越大。语文老师走到文文身边，让他不要影响别人上课。结果文文勃然大怒，把卡片朝老师身上狠狠地扔过去，同时眼睛、眉毛还不断地抽动，嘴里骂着脏话。老师惊呆了，请来了文文的父母。父母再次将文文带到了那家知名儿童医院，这次的检查结果是抽动症。除了服药，医生还建议孩子进行心理辅导，于是我就这样认识了文文。

通过观察，我发现文文属于听觉型学习风格，他的视觉表象激活不足，考试时因为不认识字所以答不出来。如果把题目读出来，文文大部分题都会做。但这并不是文文最主要的问题，他最主要的问题是情绪压抑。

原来，他的爸爸从事建筑行业，从文文三岁开始，就在西安务工，文文和姐姐一直由妈妈照顾。文文二年级寒假，爸爸因为身体受伤回到家里休养，从此开始和文文共同生活。爸爸本来脾气就不好，

213

身体受伤后更是暴躁易怒。文文写作业如果稍有停顿，爸爸就会给一个耳光，并且不允许文文哭泣，妈妈劝阻也不管用。久而久之，文文对学习充满了恐惧，做作业时呆呆地，一动也不动。如果爸爸责骂，也不敢哭，只是脸部肌肉抽搐，就这样，文文最终得了抽动症。爸爸知道原因后非常后悔，后来他的病好些了，就回到西安工作。消除了刺激源后的文文，经过医生的治疗和我的辅导，终于治好了抽动症。之后文文又调整了学习风格，成绩也慢慢有所提升。

像文文爸爸这样暴力的家长很少，但像文文爸爸这样不允许孩子有负面情绪的家长还是挺多的。很多家长见不得孩子情绪低落，觉得没朝气、不阳光。这其实是家长不会管理情绪，无意识地把自己的焦虑紧张投射到孩子身上的表现。这样做不但会加重孩子的情绪问题，而且会影响学习。

稳定平和的情绪更容易让孩子进入专注高效的学习状态，这一点相信你是明白的。但情绪不只是心里的感觉那么简单，情绪是复杂的身心反应，过度压抑的情绪会带来生理上的疾病。这一章，我们从身心一体的角度来聊聊情绪管理的方法。

11.1　负面情绪也有价值

"方老师，我伤心的时候，爸爸妈妈总是要我勇敢坚强一点。那为什么在进化过程中要留下'伤心'这种情绪呢？"

这是一个初二孩子的疑惑。在我们小的时候，父母总是要求我们面对困难要积极乐观，不允许出现负面情绪。等到我们为人父母，又把这种"不允许"带给了孩子。其实，喜、怒、哀、惧是人的四种基本情绪，是人类在漫长的进化过程中送给我们每个人的礼物，让我们能在残酷的生物竞争中存活下来。

好，现在让我们"穿越"到原始社会，看看进化过程中到底发生了什么吧？

有一群原始人，他们是一群小伙伴，正在丛林里狩猎，一只猛虎呼啸而至。不同的情绪反应会带给他们什么样的结果呢？

"哈哈，好开心，这么帅的老虎，我要和你合个影发朋友圈。"——这是喜悦的情绪。恭喜这位小伙伴"喜入虎口"，成了老虎的美餐。

"啊！太可怕了，我要赶快躲起来。"——这是恐惧的情绪。这位小伙伴"三十六计，走为上计"，保住一命。

"哼！居然敢吃了我的小伙伴，拿命来！"——这是愤怒的情绪。这位小伙伴在愤怒的作用下，爆发出"洪荒之力"，用弩箭射杀了老虎，而自己也被老虎咬伤。

"呜呜……我的小伙伴少了一个。我来照顾你，不能让你再离开我了。"——这是哀伤的情绪。这位小伙伴感受到分离和丧失的痛苦，更加珍惜活着的伙伴。

这时候，发现危险消失，逃走的"恐惧"小伙伴又悄悄回来了，和"哀伤"小伙伴一起埋葬了"喜悦"小伙伴，又将受伤的"愤怒"小伙伴和死老虎一起带回了部落。

发现了吗？在这个情境中，"喜"带来的结果反而最可怕。"怒"

可以让小伙伴增加勇气，"哀"会让小伙伴珍惜拥有的事物，"惧"会让小伙伴远离危险。"喜"却会让小伙伴趋向危险、成了老虎的美餐。

回到部落后，开始分配虎肉了。这时候，不同的情绪又会带来什么样的结果呢？一个小伙伴喜气洋洋，面带微笑，虽然没有参与狩猎，但让人看了非常舒服，于是他分的肉比其他人多。一个小伙伴怒气冲冲，觉得自己分得太少，和同伴大打出手。一个小伙伴胆战心惊，总担心其他老虎会回来报复，吃不下、睡不着。一个小伙伴伤心欲绝，难过朋友的逝去，什么也吃不下。

嗨！你们可是原始人啊，这样互相伤害和自我折磨，真的好吗？你们只顾着自己的情绪，可考虑过部落的发展壮大吗？

发现了吧，在这个情境中，"喜"又成了对个体发展最有利的情绪了。所以情绪无所谓好与坏，情绪是人类在漫长进化过程中逐渐适应环境的产物。

听完了故事，我们再来看看专业人员对情绪的理论分析。

情绪变化有对应的生理变化，而我们的生理变化是由植物神经系统控制的，这些神经分布在内脏器官中，调节内脏活动和腺体功能，而腺体分泌的激素又会影响着我们的生理变化。植物神经系统分为交感神经和副交感神经两类。交感神经负责唤醒有机体，让血液从内脏流向四肢，促进肾上腺分泌激素，加强自身对外界的防御和适应力。副交感神经则刚好相反，它负责恢复或维持机体的安静状态，这时，可以帮助机体吸收养料、合成物质，使机体储备能量，维持机体的机能平衡。交感神经和副交感神经相互制约，相互平衡。

　　当我们遇到威胁，且自己和对手力量相差不大时，我们就用愤怒提升能量。愤怒时，交感神经开始起作用，唤醒机体的紧张。我们会瞪大双眼，握紧拳头，脸色涨红，血液由血管流向四肢，呼吸急促。愤怒作为原始情绪，在动物求偶、觅食、争夺领地时会产生，这样的生理变化，可以对对手造成恐吓，显示自己的力量，同时有利于积聚力量、展开战斗。

当与对手力量相差不大时，我们会用愤怒提升力量

　　而当我们感到威胁，但又觉得无法对付时，我们的身体就会"启动"恐惧程序。恐惧时，我们会呼吸变慢、心跳加快、脸色发白、手脚发软，并且尽可能缩成一团，不被对手发现。身体在告诉大脑："对方很强大，打不过，能逃就逃，不能逃就装死吧！"

对手太强了，快逃吧！

当对手很强大时，身体会"启动"恐惧程序

也就是说，在面对攻击时，我们的身体早已完成了对情境的判断并作出了应对：是打，是逃，还是装死。

除了能自动应对情境变化外，情绪还会提醒我们注意环境的变化。

恐惧告诉我们可能面临危险，如果一个人没有恐惧，他可能会在坐车的时候把头伸到外面，或者从很高的地方跳下去等。在人类漫长的进化过程中，对危险很敏感的人更容易生存下来。

悲伤有什么用呢？悲伤会提示我们正失去对自己非常重要的事物，这样我们会更加懂得珍惜。

喜悦呢？它带给我们什么价值？最原始的喜悦产生于婴儿，他在吃饱后会感到非常开心满足。他会对提供食物的人（一般是母亲）

感到很亲近，同时母亲也会从婴儿的开心情绪中获得满足，从而对婴儿投入更多的情感，并且照顾得也更为细致周到，这样婴儿就更容易存活下来。

所有的情绪都是造物主给我们的礼物。"坏情绪"让我们远离对自己有害的事物，而"好情绪"会让我们接近对自己有利的事物。情绪不仅是心理感受，更是一种身心反应，我们可以通过改变身体动作和状态来改变情绪。

最后邀请你和我一起做"制造情绪"的小游戏：

1．制造"愤怒"。做深且快的呼吸，并且同时瞪大眼睛、握紧拳头。

2．制造"快乐"。你可以嘴角上扬、眼睛眯起、额头放松，呼吸慢而浅，很快你会发现自己真的开始微笑了。

怎么样，看到这里，你是不是对情绪有更多的了解了呢？

11.2　情绪实体化——丢掉"坏情绪"

11.2.1　"坏情绪"会带来坏身体

人通常是用表情、动作和声音来表达情绪的，不同气质和性格的人，表达情绪的方式大不一样。同样的情绪，胆汁质的悟空、多血质的八戒、黏液质的沙僧、抑郁质的唐僧情绪肯定大不一样。同样是开心，悟空会高声呼喊、手舞足蹈，唐僧最多也是微微一笑，念句"阿弥陀佛"。

取经成功需要团队配合，足球获胜同样是团队的成功。足球赛场上，有人擅长分析、判断，比如球队的教练们；有人擅长表达感情与感受他人的情绪，比如球场边的拉拉队员们；有人则擅长执行，比如球员。学校元旦联欢会上，班上的同学也可以分为这三类，幕后策划人员——思考派，表演人员——感受派，组织和后勤保障人员——执行派。根据面对问题时人的行为表现，我们把性格分为思考派、感情派、行动派。

如果你正在开会，突然发言人说"我们来做个游戏"，你会是什么反应？你的第一反应说明了你属于哪一派。如果第一反应是"做游戏？什么游戏？为什么要做？"那你可能就是思考派。如果你的第一反应是"啊，做游戏！好有趣！"或者"做游戏？可别叫上我。"你可能就是感情派。而如果什么也没想，就直接跳到了场地中间，那么你会是什么派呢？对了，那你就属于行动派。

不同的性格类型，面对压力时的反应会不一样。假如你面对巨大的恐惧或压力，那么你的第一反应会是什么呢？思考派一般是脑中一片空白，感情派会胸口沉闷以及心脏狂跳，而行动派则会胃部沉重、恶心呕吐。

因为紧张或伤心而吃不下饭、睡不好觉，因为焦虑而口腔溃疡或者爆发皮炎、湿疹，相信大家和我一样深有体会。中医一直有"喜伤心、怒伤肝、忧伤肺、思伤脾、恐伤肾"的说法，这和现代健康心理学研究结果一致。

情绪会影响我们的心理和生理，这个我们早就知道。比如悲伤时，我们往往会对生活失去兴趣，懒得说话、不愿意动弹，伤心时还会出现面色苍白、呼吸减慢等生理反应。在参加重要考试时，我们明明想"心如止水",考个好成绩,却又偏偏心跳加快、手心出汗,还老想上厕所,这就是过度焦虑带来的影响。

"坏情绪"会伤害身体

国内资料显示,在综合性医院的初诊病人中,有近1/3患者所患疾病是与心理因素密切相关的躯体疾病。有句话说"癌症病人不是病死的,而是吓死的"就生动反映了这一点。大量研究表明,长期的焦虑、紧张、不安会导致消化系统、血液循环系统问题,例如胃溃疡、心脏病、高血压和神经性皮炎等。

最为重要的研究结果是A型行为类型与心脑血管疾病的关系研究。虽然高脂饮食、酒精的摄入、过度肥胖已经被证明会诱发高血压、冠心病，但通过这些因素预测心脑血管疾病的准确率不足一半，经过进一步研究发现，患有上述疾病的人大多具有相同的行为模式，心理学家们把这种行为模式称为"A型行为"，而除此之外的称为"B型行为"。所谓"成也萧何，败也萧何"，追求完美、喜爱竞争、珍惜时间、执着目标的性格会帮助我们成功，同时，这样的性格又容易导致愤怒、紧张等情绪，从而诱发心脑血管疾病。

A型行为模式特征是：以最少的时间获得更多的成就，一方面雄心勃勃、不知疲倦、好胜，另一方面表现暴躁、易怒、缺乏耐心，并且充满敌意，具有A型行为模式的人患冠心病以及激发心肌梗死的可能性较大。B型行为模式的特征是：没有很高的抱负，容易满足，随遇而安，具有这类性格的人更容易有健康的身体。

对其他疾病的临床心理学研究发现，患有消化性溃疡的人大多比较被动、好依赖、顺从、缺乏创造性；患有类风湿性关节炎的人则表现更为宁静、敏感，情感不轻易外露，并有洁癖；癌症患者则会经常克制自己的情绪，他们不善于任意发泄，并长期处于孤独、矛盾、忧郁和失望中。

我们的生理变化是由植物神经系统控制的，植物神经系统分为交感神经和副交感神经两类，交感神经负责唤醒机体，也就是说交感神经的兴奋会让我们的身体感到紧张，而副交感神经刚好相反，它的兴奋会让我们的身体回归平静。这两种神经相互制约。比如在吃饭时责骂孩子，那么孩子就会情绪低落，此时他的交感神经受到抑制，进而消化器官就不能被唤醒，此时吃饭就容易消化不良。而运动员比赛前使用兴奋剂就是为了刺激交感神经，唤醒身体的兴奋水平，从而取得好成绩。

如果总是处在紧张状态，交感神经一直兴奋，心脏紧缩，血管紧缩，那么就容易导致高血压、冠心病等疾病。压力大时吃不下饭或者胃疼也是同样的道理。胃部肌肉的收缩会导致肌肉痉挛、胃液分泌过多，长此以往胃溃疡就容易产生。紧张时皮肤中微血管的收缩会挤压出血清，从而导致神经性皮炎、湿疹等皮肤病。A 型行为模式的人因为长期处在紧张状态，他们的身体更容易出现问题。那么你到底属于哪一种类型呢？A 型还是 B 型？让我们来测试一下吧！

根据你的实际情况，对所提问题回答"是"或"否"，记下答"是"的题目数。

1. 你说话时会刻意加重关键字的语气吗？

2. 你吃饭和走路时都很急促吗？

3. 认为孩子自幼就该养成与人竞争的习惯吗？

4. 当别人慢条斯理做事时你会感到不耐烦吗？

5. 当别人向你解说事情时你会催他赶快说完吗？

6. 在路上挤车或餐馆排队你会感到生气吗？

7. 聆听别人谈话时你会一直想你自己的问题吗？

8. 你会一边吃饭一边写笔记吗？

9. 你会在休假之前先赶完预定的一切工作吗？

10. 与别人闲谈时你总是提到自己关心的事么？

11. 让你停下工作休息一会儿时你会觉得是浪费时间吗？

12. 你是否觉得全心投入工作而无暇欣赏周围的美景？

13. 你是否觉得宁可务实而不愿从事创新的事？

14. 你是否尝试在时间限制内做出更多的事？

15. 与别人有约时你是否绝对遵守时间？

16. 表达意见时你是否握紧拳头以加强语气？

17. 你是否有信心再提升你的工作业绩？

18. 你是否觉得有些事情等着你立刻去完成？

19. 你是否觉得对自己工作效率一直不满意？

20. 你是否觉得与人竞争时非赢不可？

21. 你是否经常打断别人的话？

22. 看见别人迟到时你是否会生气？

23. 用餐时你是否一吃完就立刻离席？

24. 你是否经常有匆匆忙忙的感觉？

25. 你是否对自己近来的表现不满意？

如果你回答"否"的题目超过半数，那么你很有可能属于B型形为模式。B型形为模式的群体更为健康，而且他们也最易与长寿结缘。调查资料显示，长寿者80%以上属于B型形为模式。如果回答"是"的题目超过半数，那么你趋近于A型形为模式，应该尽快改变生活习惯，放慢生活节奏。那么如何改变呢？如何对待这些"坏情绪"呢？让我们进入下节内容。

11.2.2　情绪实体化

情绪如果受到长期压抑，或者表现过度剧烈都会对健康造成影响。现在的孩子抽动症、强迫症、抑郁症多发，正是和长期紧张的学习状态有关。好动、暴躁的孩子习惯用剧烈的动作，或是大哭大闹来宣泄情绪，这一点虽然让大人很头疼，但对保持孩子的心理弹性却是积极有效的。很多乖巧懂事的孩子，长期把情绪积压在心里，轻则造成情绪困扰，重则产生心理疾病。因此，平时帮助孩子及时疏通情绪非常重要。

去年夏天，我去黄山玩，遇到一家三口站在去索道的路边，父母低声和孩子不停地说着什么，男孩大概十一二岁，低着头、红着脸一声不吭。带着职业的好奇心，我走上去问明情况：父母是大学教师，带着儿子到黄山来做毕业旅行。早上起得早，儿子犯困，走路有点慢，父亲批评了几句，儿子就赌气站住不走了。父母怎么说都说不通，全家人都僵在半路上。我笑了起来，大学老师最喜欢和孩子讲道理了，可是情绪上来了，讲道理怎么会有用呢？！

我先和父母聊了两句，然后问孩子是否身体哪个部位不舒服，让他没法走快。孩子说自己其实挺想走快的，但胸口很沉闷，所以走不快。孩子的爸爸立刻插话说，这是平地，怎么会呼吸困难走不快呢？眼看着冲突要升级，我赶紧让爸爸不要说话了，继续对孩子说："我相信你胸口很重。心情不好的时候，我们确实会感觉胸口很重。"孩子点点头。我又说："你想不想把胸口变轻一点呢？"孩子又点点头。我说："你试试看，用手把胸口'重'的感觉'抓'出来，全部抓到手里。"孩子愣了片刻，抬起右手，向胸口处"抓"去。在确定他把"重"的感觉全部"抓"到右手之后，我请他看看抓在右手里的"重"是什么样子的。孩子很有灵气，马上闭上了眼睛，告诉我是一块大石头，黑色的，很沉、很硬。我说："你可以尝试把石头扔到最远处，让自己看不见。"孩子睁开眼睛，右手用力向远方扔去。扔完之后，突然笑了起来，"啊，丢到最远的地方去了。"孩子的父母觉得非常神奇，我告诉他们这是 NLP 的情绪实体化技术，不是什么玄学。

用情绪实体化技术丢掉"坏情绪"

　　生活中，当我们发现孩子有坏情绪时，比如作业太多、着急烦躁，你是怎么帮助孩子疏解情绪的呢？大多数父母会讲道理，或者关心地说："你怎么想的，说出来。"这两种方法往往收效甚微。情绪是一种感受，包括心理和生理的感受，我们在前面"认识我们的大脑"一节中已经知道，大脑中处理情绪的是边缘皮层，而处理认知的是前额叶，上面家长帮助孩子应对情绪的方法就像车没油了，你去转方向盘，那自然是没用的。另外情绪是非常抽象的事物，连成年人都未必能觉察到自己的情绪以及情绪背后的需要，更何况孩子呢？情绪实体化技术，用了空间表征和表象两种隐性学习能力，它先让孩子找到情绪的身体感受，然后把情绪变成具体的实物，再用"丢掉"的方式来疏通情绪。

情绪实体化不仅能提升孩子对情绪的觉察和处理能力，还能激活孩子的空间表征，是非常简单有效的情绪管理方法。

方法总结 **情绪实体化**

1. 聚焦情绪：静静感受情绪在身体上的位置和感受。

2. 抓空：把情绪全部抓到手里。

3. 情绪实体化：用具体的事物来比喻情绪，比如情绪像石头等。

4. 处理情绪实体：把情绪实体扔到看不见的远处或者封存在某个密封的箱子里。

5. 检查情绪残留：感受身体中有无残留的情绪，如果有，重复以上步骤。

PART 5
要考试了！

明天就要考试了，好紧张……

第十二章
小考优秀，大考平平——
知识系统未构建好

　　小宇妈妈是我音频课程的老学员，一直认真听课，并且坚持和孩子一起做练习，成效颇丰。期中考试后，小宇妈妈向我提问："孩子之前的单元测试成绩都挺好的，期中考试却发挥不出来，之后的单元测试成绩又上去了，到了期末考试又下降，成绩起起伏伏，像波浪似的，这是怎么回事？"我请她把小宇的试卷发给我，一项项分析，结论是：小宇的知识是碎片化的，还没有形成"知识地图"。

　　单元测试主要考查某一单元的知识，对于单一的、非综合的知识，孩子容易理解，也更容易考好。等到综合性考试，像期中、期末考试或者中、高考，考查的不仅是单个单元的知识，而且还有其他单元的知识，如果是中高考压轴题，还会涉及学科间的联系，这就需要孩子拥有一幅全面、完整的"知识地图"，而且是立体的"空间地图"。

　　就像我们这本书，它有大量的操作性内容，可因为孩子长期在学校学习，已经形成了固定的学习模式，他们多半还是像学习课本知识一样，试图通过课本及文字去理解课程内容，并且理出逻辑脉络。这种学习模式缺乏实践，孩子学到的知识是"平面的"，无法形成"空间地图"。

　　在本书最开始我们已经提到知识分为陈述性、程序性和策略性知识三种。如果没有建立知识的"空间地图"，那么这三类知识中，孩子有可能只掌握了陈述性知识，其他两类都没有掌握，表现在实际学习中，常常会出现一看就会、一做就懵的情况。

陈述性知识讲述了一个概念或者现象，相当于做菜时的原料。

程序性知识往往以步骤的形式出现，让你可以具体操作。比如做西红柿炒鸡蛋，第一步做什么，第二步做什么……如果你很熟练，那么脑海中立刻会浮现出清晰的画面、声音、感觉，甚至可能已经比画起来了。如果不熟练，那就需要回忆。掌握程序性知识的关键是练习，而且是刻意练习。

策略性知识又叫学习策略，是你如何运用陈述性知识和程序性知识去学习、记忆和解决问题的知识。比如炒菜时，突然电话响了，你可能会根据菜品的特性和电话紧急性来做出判断，选择马上接？还是过一会儿接？如果锅中的菜容易炒老炒焦，并且花费时间短，而此刻来电也不紧急，那就等菜做好了再回过去；否则就马上接电话。

电话响了！

炒西红柿炒鸡蛋！

陈述性知识：炒菜的原料
程序性知识：炒菜的步骤
策略性知识：电话响了，我要怎么做才能两全？

同样，孩子学习遇到困难时，也需要你用策略性知识做出判断。孩子成绩波动很大，我要怎么做才能帮助他？策略性知识的掌握，来自日常实践，但实践并不是唯一途径，除了实践之外，"退后一步"和"多角度思考"也可以丰富你的策略性知识。

三类知识对孩子来说缺一不可，而三类知识的形成与"知识地图"的建立密切相关。如何建立完备的"空间知识地图"呢？让我们从思维导图说起。

12.1 思维导图，让知识可视化

12.1.1 思维导图如何让知识可视化

小宇要去参加暑期研学，妈妈要求他自己整理随身物品，下面是物品清单。

1. 短袖3件　2. 长袖衬衫1件　3. 防晒衣1件

4. 内裤3条　5. 袜子3双　6. 运动鞋2双

7. 雨伞1把　8. 防蚊液1瓶　9. 遮阳帽1顶

10. 儿童太阳镜1副　11. 防晒裤3条　12. 小毛巾1条

13. 大毛巾1条　14. 水杯1个　15. 洗衣粉1小包

16. 牙膏牙刷各1支　17. 消食片1盒　18. 创可贴1盒

19. 红药水1瓶　20. 洗发水1小瓶　21. 沐浴液1小瓶

22. 书1本　23. 电话手表1个　24. 衣架5个

25. 旅行箱1个　26. 随身包1个　27. 面包1包

28. 牛奶2盒　29. 小零食若干

看了清单,如果让你默写,你能写出多少? 如果让孩子默写呢? 是不是差别挺大? 你可以记住全部或者大部分内容,而孩子可能只能记住前面几种。

为什么会这样? 我想,不是孩子的记忆比你差很多,而是你们俩记忆的方式不同。你是按照孩子的衣食住行来记忆的,这种记忆是有层次、有结构的,而孩子则是按照线性的文字和顺序来记忆的。换句话说,你已经悄悄在脑海里画出了思维导图,孩子脑海里却是一行行的文字。下面是物品清单在大脑中的思维导图,是不是条理清晰、很有秩序?

用思维导图来记忆物品清单

我们再来看看大脑中的神经,它们在连接方式上又有什么特点?

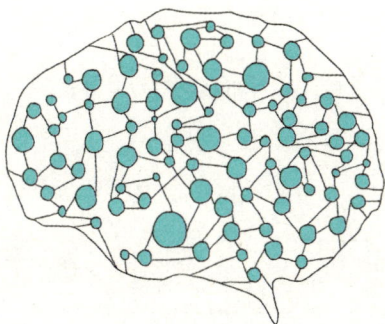

大脑神经连接方式

　　对比上面的记忆物品清单的思维导图和大脑神经连接方式图，你是不是也发现思维导图和大脑神经连接很相似呢？不错，大脑更喜欢有秩序的信息，这种信息更容易被记住。

　　和用文字列物品清单一样，我们平时记笔记也是线性形式，比如从左到右或从上到下记，这样很难找到信息之间的关系。

　　东尼·博赞发明的思维导图由中心主题和分支构成，分支又可以分为主分支和子分支两种。这种图非常像大脑神经的连接方式，符合人脑的记忆特点。在记忆思维导图时，大脑采用图像记忆的方式，把整张图存入脑海中。

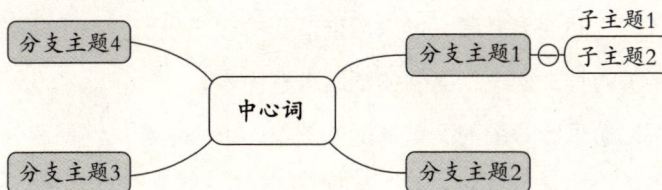

思维导图的结构特点

12.1.2　思维导图的画法和读法

接下来，我们通过阅读下面这张思维导图来一起了解下思维导图的绘制方法和阅读方法。

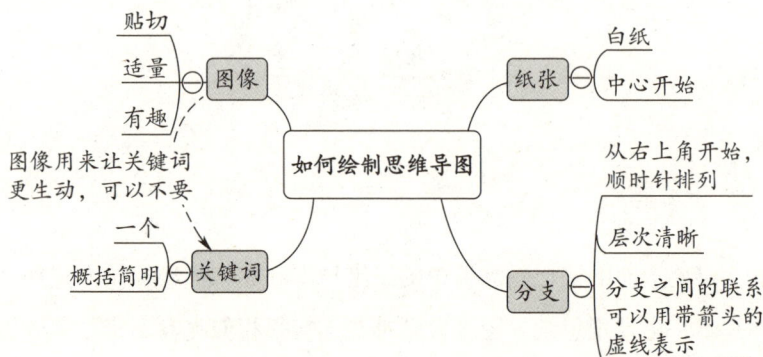

贴切
适量 — 图像
有趣

图像用来让关键词更生动，可以不要

一个
概括简明 — 关键词

如何绘制思维导图

纸张 — 白纸
中心开始

从右上角开始，顺时针排列

分支 — 层次清晰
分支之间的联系可以用带箭头的虚线表示

思维导图的绘制方法

第一步，从中心读取中心主题"如何绘制思维导图"。

第二步，从<u>右上角开始，沿顺时针方向</u>寻找主、分支之间的内在联系，先主后支，先内后外。

思维导图要用白纸描绘，中心主题写在纸张最中间。绘制分支从右上方开始，沿顺时针方向绘制。主分支和子分支之间层次要清晰，分支之间如果有联系可以用带箭头的虚线表示。每条分支上只有一个关键词，用概括简明的词语表达内容。

可以给思维导图的关键词配上图像，中心主题关键词和分支关键词都可以。

图像一定要贴切，能表示关键词的含义。图像的个数要适量，不要太多。图像尽量有趣，便于记忆。

孩子在进行思维导图的相关练习时，很多老师会让孩子对思维导图进行装饰，并且涂色，很吸引人。

这样做需要花费很多时间，对于低年级孩子可能比较适合。如果孩子在中高年级，可以直接用 Xmind 软件在电脑上绘制思维导图，非常方便。

12.1.3　思维导图的应用

思维导图在实际生活中的运用非常广泛，它不仅可以用于学科知识的总结与复习，计划的制定，而且还可以用于具体项目的筹备等。

我们前面在讲写作的相关内容时为大家介绍了一个用"唤醒感受法"写葡萄干的例子，它也可以用思维导图来表示，见下图。

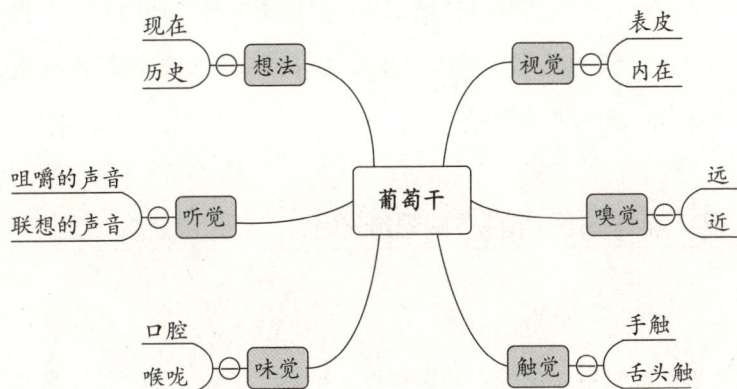

用"唤醒感受法"进行写作训练

除此之外，时间管理也可以用思维导图清楚地表示出来，例如用"四象限法"对任务进行分类的思维导图可以用下图来表示。

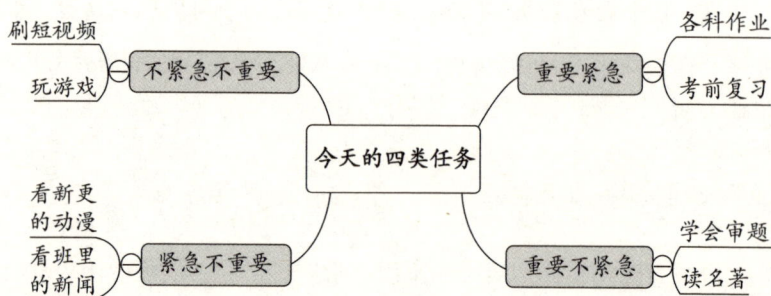

刷短视频
玩游戏 —— 不紧急不重要

重要紧急 —— 各科作业
考前复习

今天的四类任务

看新更
的动漫
看班里
的新闻 —— 紧急不重要

重要不紧急 —— 学会审题
读名著

用"四象限法"对任务进行分类

怎么样，相比成段的文字，上面的思维导图是不是更受你的偏爱？孩子在学习阶段，特别是大型考试时，都会有大量的知识需要复习和记忆，此时若能灵活运用思维导图来整理这些内容，那将会达到事半功倍的效果。如何运用思维导图来对知识进行系统梳理呢？让我们进入下节内容。

12.2　梳理知识点的三种思维图示

12.2.1　知识网络整理

我们都知道考前复习的重要性，重大考试前，老师都会带着孩子梳理知识点，在此基础上形成知识系统，然后再配合大量的习题进行巩固训练。梳理知识点属于陈述性知识的归纳，而解题过程则属于程序性知识的整理。实际学习中，我们会发现大量孩子都在机械地抄写和背诵知识点，而没有注意知识和知识间的联系，并将其形成完整的知识系统。知识系统的建立，和拼图游戏相似，第一步需要找出所有的"图块"，看看有没有缺失，这里需要用到圆圈图。找全"图块"后，再将它们分类，这里要用到气泡图，最后再细化气泡，通过这三步，知识系统便一步步搭建起来了。让我们结合数学知识点来看一下。

第一步，用圆圈图联想相关知识。

下图是关于"矩形面积"的圆圈图，中间的小圆圈是中心词，外围的大圆圈是关于中心词联想到的词语。只要是自己想到的词语，都写在里面，圆圈图的要求是全。

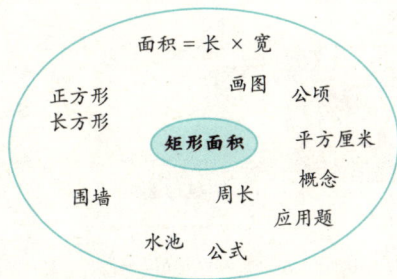

用圆圈图联想知识

第二步，用气泡图归类。

圆圈图里的内容和中心词并不一定都有直接联系，除了公式、概念这类抽象词语，还有平方厘米、水池这些具体的词语，我们可以用气泡图将这些词语分类。

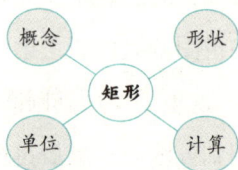

左图是将圆圈图中的词语进行分类后得到的气泡图，中间的小圆圈是中心词，外围的圆圈是将上面圆圈图中联想到的词语分类后的词。根据不同分类标准可以有不同的划分方式，原则是类别之间没有重合。

用气泡图对知识分类

第三步，细化气泡图，画出思维导图。

将外圈的关键词继续细分下去便得到了关于矩形的思维导图。最后将画出来的思维导图和课本内容进行比较并完善，这样，关于矩形面积的完整的思维导图就画好了。

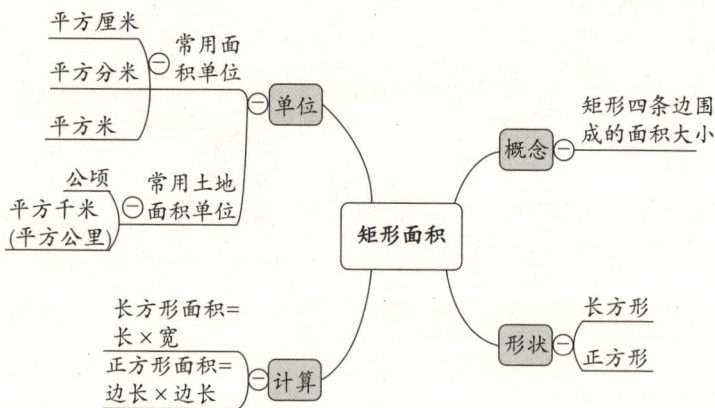

细化气泡图为思维导图

每个小知识点都可以构建自己的思维导图，之后，有联系的小知识点又可以组成更大的知识点，例如一个以矩形为中心词，以概念、周长、面积、具体应用为关键词的思维导图，就涵盖了上面"矩形面积"这个小的思维导图，依次铺陈下去，知识系统就慢慢建立起来了。

12.2.2 桥形图，做好新旧知识衔接

不知道你有没有玩过俄罗斯方块？在新的小方块落地之前，找到形状契合的旧方块拼接成条或块，这和学习新知识的过程非常相似。学习新知识就需要找到新旧知识间的联系，联系越牢固，新知识掌握得就越好。在旧知识上"拼接"新知识，类比是一种非常好的方法。很多孩子学习时不会举一反三，正是因为类比思维没有养成。因为思维过程是在大脑中进行的，看不见摸不着，只靠语言描述是很容易出现偏差的，如果用思维图示画出来，就很容易理解。接下来，我们结合例子来看下如何利用桥形图来做新、旧知识的衔接。

1. 桥形图应用举例

例：李白被称为"诗仙"，杜甫被称为_____。

这是一题中小学很常见的题，答案是"诗圣"，但有的孩子会填"杜工部""杜少陵"等，在老师判错后还无法理解错在哪里，根本原因在于孩子没有理解其中的类比关系。用下图表示它们间的关系是不是很清楚？

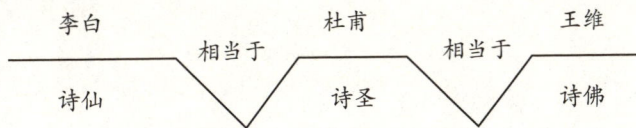

用桥形图作类比

这就是一个典型的桥形图，横线上下两个事物间的关系都是诗人和别人对他们的赞誉，通过图示可以非常清晰地做出分析和类比。

2. 桥形图的绘制方法

桥形图的形状像一座弯曲的桥，桥的连接处写上"相当于"（也可省略不写），横线上方和下方书写一组具有某种关系的两种事物，每组事物的关系是相同的，组与组之间形成类比关系。绘制桥形图的关键在于明确上下两个事物间的关系，并且保持每组上下两个事物都符合这一关系。

3. 桥形图的应用范围

桥形图对于学习非常有用，它可以用于建立事物之间的联系。通过桥形图将属性或类别相近的事物比较分析，这样更容易总结出其中的方法和规律。通过桥形图，我们可以将新的同类知识牢牢地"拼接"在已学过的旧知识上，并且找出它们之间的联系和规律。尤其在学习新知识时，桥形图便于孩子对新知识的理解和吸收，它在各科学习中都可以使用。

数学几何学习中，对于面积公式、体积公式、周长公式，全等、相似图形的证明定理等知识都可以用桥形图来学习。

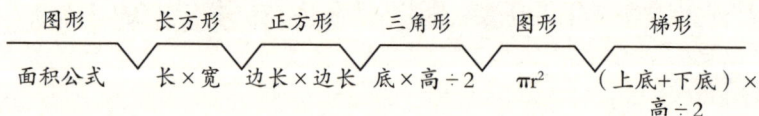

图形	长方形	正方形	三角形	图形	梯形
面积公式	长×宽	边长×边长	底×高÷2	πr^2	（上底＋下底）×高÷2

用桥形图来总结几何图形面积

语文学习中，除了可以利用桥形图来进行记忆外，还可以用它来学习修辞手法，比如在学习比喻时，可以利用桥形图找出本体和喻体。

在物理、化学的学习中，桥形图可以运用于原理、反应类型的学习。在英语单词、语法的记忆与学习中，桥形图也能大大提高学习效率。

12.2.3　概念图的绘制

思维导图是用于表达发散思维的图示，它可以应用于生活的各个方面，而概念图是用来加深理解的图示。概念图是康乃尔大学的一位博士根据奥苏贝尔的有意义学习理论提出的一种教学技术。从某种意义上说，概念图是一种多线程的流程图。别看它看起来很高深，其实和思维导图一样，我们早在脑海中绘制过许多次，只不过没有画在纸上而已。

例如，在教孩子识岩、峰、峦三个字时，你是不是会让孩子找出它们的共有偏旁"山"，告诉孩子这三个字都和山有关，然后再分别解释它们的意思？这一过程其实就是你在大脑里绘制概念图的过程。

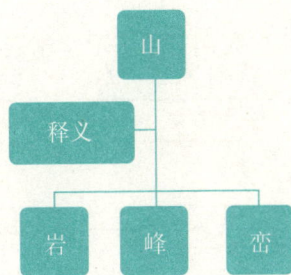

用概念图教孩子识字

概念图可以很清楚地呈现同类概念间的关系，从而让孩子更加细致准确地理解概念。小学学习中概念相对较少，对于中学生来说，学会绘制概念图，对于知识系统化是非常有帮助的。下图是"三角形的分类"的相关概念图，绿字部分是概念图各部分结构的名称。

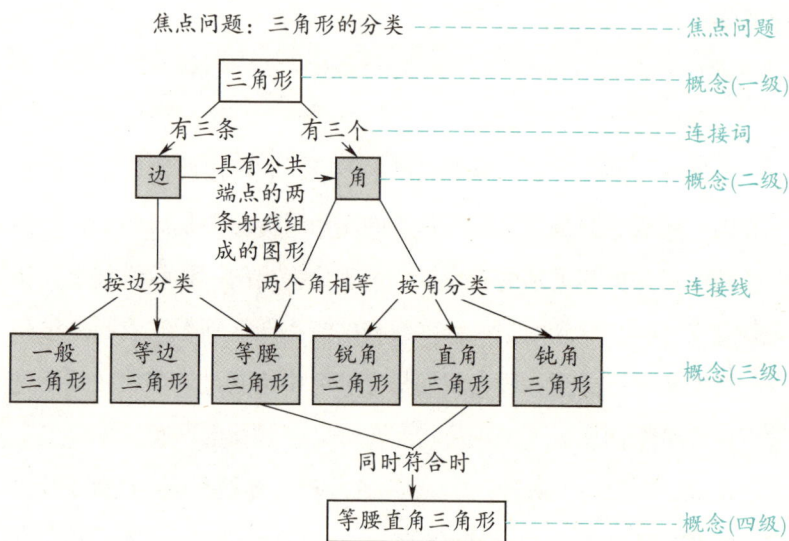

三角形的分类相关概念图

了解了概念图之后，我们开始练习绘制概念图。

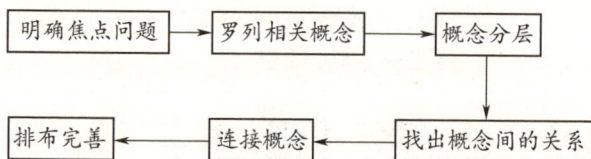

绘制概念图的一般步骤

绘制概念图时，首先我们要明确焦点问题，也就是我们想要搞清楚的问题。第二步是罗列相关概念，可以用圆圈图罗列出相关概念，并对照课本把概念补充完整。第三步是概念分层，将最大、含义最丰富的概念放在最上面，然后依次找下位概念。第四步，找出概念间的关系，并把关系写在相关联的两个概念之间。第五步，连接概念，连接线的箭头方向从上位概念指向下位概念，不相邻的概念用虚线连接。第六步，排布完善。

在绘制概念图的过程中，最难的是概念分层，这用到了空间表征，可以结合激活空间表征的相关练习来进行。另外要求每个概念都要准确无误，所以将所学知识准确镜像化是概念图绘制的前提。在实际操作中，建议对每单元知识都绘制一次概念图，然后扩展到整本书。

12.3　让解题流程化的思维图示

写作业磨蹭、拖拉是很多家庭亲子关系恶化的导火索。孩子半天写不完，或者写写玩玩，家长在一边看着，心里就像着了火一样，恨不得抢过笔自己"上阵"。有的家长会开启"催促"模式，进入到"磨蹭—催促"的恶性循环中，还有一些家长会进入"纠结"模式，催，影响亲子关系；不催，作业眼看完不成。作业拖拉的原因除了孩子不会做之外，还和孩子不会安排作业顺序有关，包括学科作业的顺序，以及同一学科难易题目的完成顺序等。这些问题家长和老师会关注到，并会告诉孩子先易后难、文理科交替进行。

除了上面因素会影响孩子的速度外，具体题目的解题策略也会把孩子"拖慢"。而解题策略主要涉及程序性知识，表现在卷面上就是解题流程。解题流程是如何影响孩子速度的呢？比如（18+2）×8，如果一上来就脱括号——18×8+2×8，就比先算出括号里的结果要慢很多，而且更容易算错。出现这种情况，主要是因为程序性知识出了问题。孩子考试时会做，但时间来不及，或者考试时不会，考完就会，都是程序性知识不熟练造成的。对于这一问题，我们在前面"错题订正的训练"这节中做过详细讲解。那如何才能让孩子解题更流畅呢？流程图可以帮助到我们。

12.3.1　流程图的优点

人生下来不会说话，但生下来就可以看懂图画。孩子读书也是从图画书、绘本慢慢过渡到纯文字图书的。也就是说，相对于读文字，读图更适合人类的大脑，思维导图正是因为符合人类大脑的这一认知特点才会风靡世界。流程图是思维导图的一种。和传统的文字语言相比，图像语言更加明确清晰。

例如，对于（18+2）×8 的计算过程，用文字可以这样表示：

第一步，计算括号里的 18 加 2，算出来等于 20。

第二步，用 20 乘以 8，得出答案为 160。

不难看出上面的解题过程是线性形式，解题流程不是很清晰，换成下面的流程图后，每一步骤都一目了然。

$$18+2=20 \longrightarrow 20 \times 8 \longrightarrow 160$$

用流程图表示（18+2）×8 的解题流程

12.3.2　流程图的应用

流程图在生活和学习中都有很多应用，比如作文提纲、物理化学的实验步骤等，都可以利用流程图来进行梳理。那么如何运用流程图来解题呢？这里主要涉及两点，第一是同类型题解题流程的总结与梳理，第二是熟练解题流程并将其"固化"在大脑中。

在孩子刚开始学习新知识的时候，可以用流程图来进行具体题目的练习，让孩子清楚步骤，如前面我们演示的例子。随着学习的深入和练习的增多，孩子的学习经验随之积累，流程图就可以用于一类题解题步骤或解题流程的小结和归纳。比如（18+2）×8，17×99，分别画出两题的流程图，然后问孩子，为什么第一题要先算括号里的，而第二题要将99转换为100-1，然后再去括号呢？我们可以让孩子尝试用流程图表示出这一类题目的步骤，归纳出这一类题的解题流程，同时也提升了孩子的抽象归纳能力。具体归纳见下面流程图。

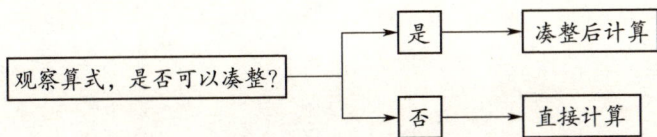

用流程图对同一类型题的解题步骤进行总结

看到上面归纳出的解题流程，有没有感觉思路很清晰？

归纳出解题流程还不够，还需要将它"固化"在大脑中。如何"固化"呢？我们可以借助时间线。先在脑海中画出做事或者解题的流程图，然后让孩子把每个流程的画面想象出来，再用时间线把流程稳定在大脑里。

例如上面的流程图，画完之后，先让孩子对照流程图把每一步都想象出来，自己是如何观察算式，如何判断类型，如何凑整计算的，再把画面压缩成点，安放在大脑里的时间线上进行强化。在此基础上再进行同类型题的练习，这样便容易形成高效的解题程序。这类解题程序熟悉了，再和其他相似或者相反的题型综合，形成更高级别的解题流程，这样，孩子的"知识地图"也就越来越宽阔和完整了，孩子的学习也会更加游刃有余。

第十三章
考前好紧张——高效
考试状态的塑造

李智，六年级男生，成绩优秀。从一年级开始，一直是班级前三名，知识面广，外号"行走的百科全书"，目标是某优质初中的信息特长班。升入六年级后，李智一想到一年后能进入自己理想的班级，心里就美滋滋的，他比以前更有干劲了。毕业班考试总是很频繁，开学才一个月，数学、英语、语文都考过好几次了。李智的成绩也很稳定，每次不是第一、就是第二，连第三都没考过。全市要进行小学生数学竞赛，学校组织了一次选拔考试，全六年级的学生都参加了。

因为是选拔性考试，所以这次数学考试的难度比平时大不少，有些题目属于初一的学习内容，目的是考查学生的数学思维。这次考试的结果，让李智和老师都大吃一惊，班上考分最高的同学，并不是李智，而是另一位平时数学成绩不如他的同学。卷面总分100分，附加题20分，也就是说满分是"100+20"分。班里最高分是"100+17"分，而李智的得分是"87+10"分。

这次考试对李智打击很大。从此以后，每到数学考试，李智都很紧张，特别是看到其他同学做得比自己快时，心里更是一阵发慌，大脑一片空白，什么都想不起来。老师和父母都安慰李智，一次考试没考好，不能说明什么，让李智调整好心态，以平常心面对考试。李智也觉得自己不应该这么紧张，面对老师和父母的宽慰，感觉很对不起他们的关心。但还是老样子，一到数学考试，李智就不由自主的心慌，考试前还会失眠，在床上辗转反侧难以入眠，总担心第二天自己会有题做不出来。越紧张就越失眠，越失眠，考试成绩越差。慢慢地，数学考试的失利蔓延到了所有科目上，只要老师宣布要考试，李智就开始睡不着了。李智上课的状态也越来越差，考试头脑空白的次数也越来越多，最终和他心爱的学校失之交臂。

一切问题好像都源自失眠，又好像源于那次选拔考试……老师和家长觉得李智是缺乏毅力，以前一帆风顺，一次受挫就爬不起来了。

李智的变化，真的是"过于在意成绩""缺乏毅力"引起的吗？当然不是，这些都是父母和老师最常给孩子贴的标签。简单粗暴的标签掩盖了孩子真正的心理发展过程，加大了孩子的心理困扰，让问题变得越来越严重。

那到底是什么让李智出现这样剧烈的变化呢？

1. 不合理归因引发的绝对化评价

竞赛选拔考试结果出来后，李智想不明白自己为什么会考不好，就去问老师。老师对李智说是因为他太粗心了，所以基础部分只考了87分，而对于附加题失分部分，老师没说原因。李智走出办公室时，听到另一位老师说："我们班王晴这次也考得不好，这孩子智力一般，考试时试题一旦灵活多变成绩就上不去了。你们班李智是怎么回事？"听了这句话之后，李智就反复想着它，怀疑自己考不好是不是也是因为智力一般。

带着这种怀疑，李智每到数学考试时就非常担心，后面几次数学考试的失利，让李智越来越相信这种绝对化评价：我智力不行，所以对于数学难题，我一定做不出来，以前之所以考得好，是因为题目简单，或者我运气好。当李智认为自己不能控制考试成绩，只能被动地依赖运气时，就会产生深深的无力感和失控感，这两种感觉也正是焦虑的来源。

2. 不合理的核心信念带来的灾难化思维

李智一直成绩优秀，在他的人生词典里，就没有"失败"两个字。他的自我认知是"我很聪明，所以我一定会成绩好；我成绩好，所以我的人生一定会很美好"。这段话里，有两个"一定"，属于绝对化的思维倾向。

"一定"，意味着"百分之百"，而没有任何其他可能。

有绝对化思维倾向的人，看问题时会走极端，不是"肯定对"，就是"肯定错"。那么当李智发现自己"成绩不好"时，他的思维自动补充了"一定"两个字，自我认知就成了"我不聪明，所以我成绩一定不好；我成绩不好，我的人生就一定很可怕"。

原来推动李智学习的动力"上某优质初中的信息特长班"在考试失利、学习困难之后，成了他的压力源：我考不好，说明我一定不聪明，成绩一定差，肯定考不上信息特长班；考不上信息特长班，就肯定考不上好大学；考不上好大学，就找不到好工作；找不到好工作，那我人生就完了。在冷静的情况下，我们都可以看出这种想法是不合理的，考试失利并不会引起"人生完了"这样灾难性的后果。为什么李智难以发现自己认知上的错误呢？

一是因为这些核心信念伴随着李智成长，已深深隐藏在自我意识中，不经过专门的训练或者专业人员的帮助，自己几乎不会发现。

二是当李智把每一次数学考试、每一次数学课、每一次做作业都和自己的人生联系起来的时候，自己身上的每一个微小的问题都会被放大，这样焦虑也就随之放大，最终形成潜意识，也就是下面第三点中的条件性情绪反射。

3. 情绪放大循环形成的潜意识反应（条件性情绪反射）

元认知心理干预技术认为，精神分析理论的潜意识就是条件性情绪反射，即你自己意识不到也就无法控制的自动化情绪反应和行为反应。

上面三点原因中前两点属于认知层面，可以通过对话，并在对话中运用认知改变技术来进行调整，也就是我们平时用的"讲道理"，但第三点就必须要进入潜意识进行干预了。

潜意识是怎么影响李智的呢？作为普通家长，我们不会进入孩子的潜意识，那怎么去帮助孩子调整考试状态呢？本章会为你一一道来。

13.1 潜意识里的情绪塑造你的行为

13.1.1 孩子要考试，家长怎么做

昨天应邀去一所小学为家长做讲座，以考试心理调适为主题。讲座一开始，我就把问题抛给了家长，请家长们说一说，自己在孩子考试前会怎么做。

家长一 我会告诉孩子保持平常心，不要紧张。

家长二 我会让孩子认真复习，把书一课课都再翻下，并且会在一边

看着孩子复习。

　　家长三　我不说什么，因为考试是孩子自己的事，要靠他自己，我说了也没用。

　　三种回答代表了家长对待考试的三种常见态度。

　　第一种回答中，家长知道过度紧张会影响考试发挥，所以让孩子保持平常心。

　　第二种回答中，家长用实际行动督促孩子复习功课、认真备考。

　　第三种回答中，家长选择了一种让孩子独自面对考试的态度，觉得自己帮不上忙。

　　看上去，三种说法差别很大，特别是最后一种说法，感觉家长对孩子的成绩漠不关心。真的是这样吗？心理咨询中，我们常常需要使用语义澄清技术，探讨来访者真正的意图，生活中也有很多"言不由衷"或者"口不对心"的情况。我们一起深入分析下，看看三种说法背后的目的到底是什么。

　　说法一是希望用语言来缓解孩子考试紧张的情绪，因为紧张会让孩子发挥失常，让孩子考不出好成绩。

　　说法二是让孩子认真复习、考出好成绩。

　　说法三呢？表面上看是对孩子的学习丝毫不在意，让孩子自己处理，但实际上，"我说了也没用"隐含着"不是不想说，是说了也没用"这一层意思，而采用"考试是你自己的事"这一说法，未尝不是一种策略，言外之意是"考试是你自己的事，你要为自己负责，考出好成绩"。

　　三种说法虽然表面上看起来大不相同，但实质都是"希望孩子考出好成绩"。三位家长的观点互相补充，就是考试前我们需要对孩子说的话。

需要强调的是，孩子对自己的学习负责，不代表家长就可以袖手旁观，什么都不管，一切任由孩子发挥。这不是给孩子自主和信任，而是对孩子不负责任。尤其是对小学低年级孩子来说，他们缺乏考试经验，更缺乏考试策略。如果任由孩子凭着自己的本能去考试，考得好，孩子也不知道好在哪里；考得不好，孩子在懊恼、难过的情绪下，不但很难知道自己的问题出在哪，更不知道如何去应对这些问题。

考试的目的是检验所学知识，然后查缺补漏。每次考试都是检验孩子知识系统、应用能力和学习策略的最佳时机。家长在孩子考试中的作用，就是协助孩子完成这个检验。

很多家长看到这里，会担心自己的知识能力有限，不知道如何教孩子。其实作为家长，最重要的并非教授孩子知识，而是保持自己的情绪稳定，还有就是注意语言对孩子潜意识的影响，保护好孩子的学习情绪，做孩子背后坚定的支持者。

13.1.2　语言对潜意识的影响

随着心理知识的普及，大多数家长都已经意识到了情绪对孩子考试发挥的影响，并且希望用语言提醒孩子稳定情绪。可往往事与愿违，通过言语告诉孩子不要紧张反而会让孩子更加紧张，这在心理学上称为消极暗示效应。所谓的暗示是指人或环境以非常自然的方式向个体发出信息，个体无意中接受了这种信息，从而做出相应的反应的一种心理现象。曹操就深谙"暗示大法"，那个著名的故事"望梅止渴"就是暗示效应的高明范例。我们在对孩子说"不要紧张"时，想让孩子接受的信息是"不要紧张"，但孩子在无意中接收的信息却是"紧张"，然后孩子在考试时便真会紧张起来。真是这样吗？当然，想想我们自己。

在某个重要考试中，比如考驾照时，发现自己紧张了，然后不停地让自己"不要紧张"，结果会怎样呢？不紧张了吗？事实上自己反而更紧张了。

如果你还是不信，我们来做一个"考试"小游戏，叫上孩子一起，让孩子发出指令，你来做。

考试

1. 请凝视上面"考试"两字 1 分钟，边看边用手指写这两个字。

2. 闭上眼睛，回忆刚才看到的字：大大的绿色的"考试"，很清楚。

3. 告诉自己"不能想绿色的'考试'"，反复告诉自己这句话。结果会怎样？

在不停地要求自己"不要想"的情况下，你做到"不想"了吗？是不是反而更清楚了？为什么"不要紧张"会产生消极暗示，孩子是怎么接收"紧张"这一信息，并且付诸行动的呢？

我们从想法、情绪和大脑结构三个角度来分析这个问题。

房间里有只漂亮鸟笼。

客人：鸟呢，是不是死了？

主人：我从没养过鸟。

客人：那你要一个鸟笼干什么？

最后与其解释，不如买只鸟或是扔掉鸟笼。

"鸟笼效应"可以从认知层面解释大脑为什么接收到的信息是"紧张"。具体来讲，是因为"考试时不要紧张"预设了一个前提，就是"你考试是紧张的"，就像家里挂了只鸟笼，我们就习惯地认为会有鸟一样。让孩子"不要紧张"，孩子听到这句话后，大脑会自动把前半句话补起来，即"我考试紧张，所以不要紧张"。这样孩子的大脑便成功输入了"考试紧张"的信息。

孩子接收到"考试紧张"这个信息后，为什么会出现"紧张"这种反应呢？

再看一个概念——情绪放大循环。它是指在第一个情绪基础上被激发出新的情绪，新的情绪又进一步加剧了原有情绪，从而形成情绪放大循环。当孩子考试时，或多或少会和平时有些不一样的感受。当孩子接受了"我考试会紧张"的暗示后，就会把这些感受解释为"紧张"。而"紧张"会让考试失利，"紧张"是不好的，于是"控制紧张情绪"这句话就会回响在孩子耳边，之后他们开始自己告诉自己"不要紧张"。告诫自己的次数越多，"我现在紧张"的信息越是得到了加强，然后越紧张……孩子会发现自己无法控制自己的紧张感，紧张感迅速上升为恐惧，因为自己"失控了"。剧烈的恐惧会引发身体变化，比如手发抖、脚发软、呼吸困难、全身发凉等，这些身体的变化又让孩子更加确信自己是"非常紧张的"。

如此一来，"消极情绪放大循环"就产生了，它成功地将"不要紧张"变成了"非要紧张"。

还记得前面做的"考试"亲子游戏吗？它是仿照心理学著名实验"不去想粉红色的大象"来设置的。在这个实验中，参与者被领进一个空房间独自待上一小时，实验人员在开始计时前不断暗示他们"不要去想一只粉红色的大象"。实验的结果是，每一个参与者都表示，在这一小时内，粉红色的大象曾几次出现在屋子里。"不想粉红色的大象"本身已经包含了"粉红色的大象"，所以我们的大脑自然无法逃脱粉红色的大象。所以秘密也是这一头粉红色的大象，我们越要控制自己不去想它，就越容易想它。这是为什么呢？

　　因为语言是由大脑的前额叶产生的。当我们去想"粉红色的大象"时，大脑的一个部分在工作，而想"不去想"的时候，是大脑的另外一部分在工作。当两个部分加在一起的时候，才能够形成"不去想粉红色的大象"这个概念，而这个概念又必然包含"粉红色的大象"。强行压迫自己不去想，轻者心绪不宁，重者带来疾病。潜意识就是这样在不知不觉中影响我们的。潜意识是被压抑在意识低层的想法、观念和需要，就像"粉红色的大象"一样，越不让自己去想，就越痛苦，这种痛苦在情绪中枢，也就是边缘皮层表现出来，而边缘皮层是不受前额叶（认知中枢）控制的，情绪增强又会影响我们的生理中枢，进而产生一系列的身体反应，比如注意力不集中、心跳呼吸加快、手脚出汗……最终像李智这样，导致失眠、考试时头脑空白等问题。

　　那如何做才能缓解孩子的紧张情绪呢？如果想要孩子考试不要紧张，可以这样做，比如告诉孩子考试时保持平静的心情，这是我们希望孩子达到的状态——平静，而保持预设的前提是"你本来就是平静的"。用积极的暗示去代替消极暗示，从而让孩子产生积极的情绪循环。

用积极的暗示代替消极暗示

还有最后一个问题，那就是如果孩子真的紧张了，怎么办？如果情况比较严重，就需要进行专业干预。利用潜意识，在完全放松的情况下，"输入"预先编制的程序，也就是遇到考试时的一系列应对行为，直接去干预孩子大脑中自动运行的程序（即考试焦虑时的想法和行为）。程度轻的，一两天即可明显见效，对于严重的焦虑，经过十天左右的训练，大多数也会有明显效果。

13.1.3　潜意识对行为的影响

心理学家耶克斯和多德森的心理研究表明，动机强度和效率之间不是一种线性关系，而是倒 U 曲线关系，中等强度的动机完成效率最高，过高的动机水平反而会造成"怯场"。

对于低难度的考试，我们需要给孩子压力，让孩子的成就动机强一点，紧张一点；而对于难度高的考试，我们需要让孩子保持平常心，让孩子的成就动机弱一点。我们做一件事的动机有两种，一种是内部动机，一种是外部动机。内部动机是指从做这件事的过程中获得的满足感，而外部动机则是完成一件事后的结果带来的满足

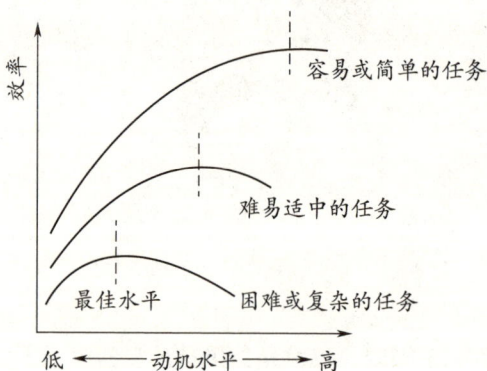

动机水平与效率关系图

感。大多数学霸都有非常强的内部动机，他们在学习新知识、解决难题、不断挑战新高度中获得满满的成就感。而容易受考试影响

的孩子，往往外部动机比较强，他们会更多地考虑成绩带来的后果，以及是否有奖罚。一旦考试不能获得好成绩，他们就会非常失望。

比如前文中提到的李智，就特别在意考试结果，所以考试中一遇到解不出的题目，就会产生强烈的担心、害怕和烦躁的情绪。在强烈的情绪推动下，李智又会产生单向思维。我们在平静的状态下，思维是双向的，也就是不但想到好的情况，也会想到坏的情况。而在极度紧张的情况下，大脑就会自动出现各种灾难性的想法。灾难性想法又加重了焦虑情绪，进而影响记忆的提取过程，出现大脑一片空白、回忆困难、思维过程被干扰等情况，有时甚至会引发尿频、手发抖、脸色潮红、出汗等躯体化反应。在学校选拔赛之前，如果在考试中遇到一个不太会的题目，李智会反复审题，然后在大脑中寻找类似题型，写写算算，很可能题目就做出来了，即使做不出来，也会有一些粗略的想法。而在选拔赛失利、又听到老师评价自己智力水平的情况下，李智开始极度担心自己的考试结果，一发卷子就很紧张，脑子里直接蹦出来的就是"完了，肯定做不出来"，然后便是看不明白题目，更别说解题了。

我们用"S"表示事件，"E"表示情绪，"R"表示行为，在考试中，李智的认知、情绪和行为变化如下：

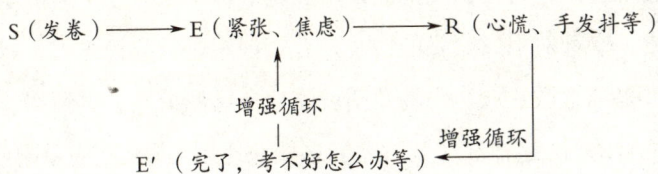

S（发卷）——→ E（紧张、焦虑）——→ R（心慌、手发抖等）

增强循环

E′（完了，考不好怎么办等）←——— 增强循环

李智紧张情况下的认知、情绪和行为变化图

在情绪特别强烈的情况下，不管是好情绪还是坏情绪都如此，大脑负责情绪的边缘脑会兴奋起来，从而消耗大量的能量。这样负责认知的大脑皮层就会能量不足，进而从长时记忆提取信息到短时记忆就会发生困难，表现出来就是思维过程变慢，思考的内容变窄。这就是元认知心理干预技术对考试过敏性焦虑的解释。

如果李智能够将情绪调整到平静、轻松的状态，再让大脑反复练习一个正确的考试应对程序，那么大脑就能够从容调取长时记忆的内容，也就是之前的解题经验，解题也就不成问题了。

我们用"S"表示事件，"E"表示情绪，"R"表示行为，接受辅导后，在考试中李智的新的认知、情绪和行为变化如下：

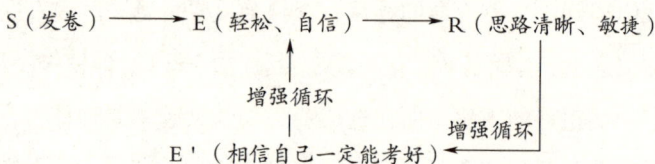

S（发卷）　——→　E（轻松、自信）　——→　R（思路清晰、敏捷）

增强循环

E'（相信自己一定能考好）

增强循环

接受辅导后李智的认知、情绪和行为变化图

由于考试状态是长期习惯化的结果，所以在重大考试前半年就要开始进行考试焦虑的预防和调节。如果是准备中考或高考，那么在寒假就应该进行考试焦虑的预防和调节训练了。在平时的学习和小考中，要针对引发紧张的情境，有意识地进行放松练习，以此来进行"系统脱敏"。小小的几招就能让自己调节好考试情绪，平时需要经常练习，这样在考试时才能自如地使用。那么到底是哪些"招数"呢？如果孩子说自己状态好，那么真的就不存在考试焦虑了吗？

下面我们先来看下关于考试焦虑的常见误区，然后再来看下相关的放松练习。

13.2 关于考试焦虑的常见误区和放松练习

13.2.1 关于考试焦虑的常见误区

近一个月来，小林老师发现班上的同学越来越难管了，因为一点小事就起冲突，同学间冲突不算，上个星期，一个孩子还和体育老师吵了起来；任课老师反映，好多孩子上课走神，作业拖拉；家长们也说孩子脾气日渐增长，老是莫名其妙地发火；尤其是班上的李佳，一向学习成绩优秀，卷面整洁，但这几次语文作业和试卷竟然也都涂改得不成样子。

小林老师说："这些六年级孩子是不是'中二病'犯了，才会导致各种烦躁不安？"六年级孩子面对各种考试，其实，孩子们之所以表现得这么烦躁，很大程度上与考试焦虑有关。老师和家长们对考试焦虑有很多误解，现在我们就把相关内容做个系统总结，以此来帮助孩子更好地应对考试。

误区一：压力就是动力，给孩子压力才能考得好。

平时交流中，很多家长和老师会告诉孩子压力就是动力。此话有道理，但压力和动力并非完全成正比。准确讲，压力与绩效呈倒U型关系。适度的压力会让表现最佳，过度的压力则会适得其反。

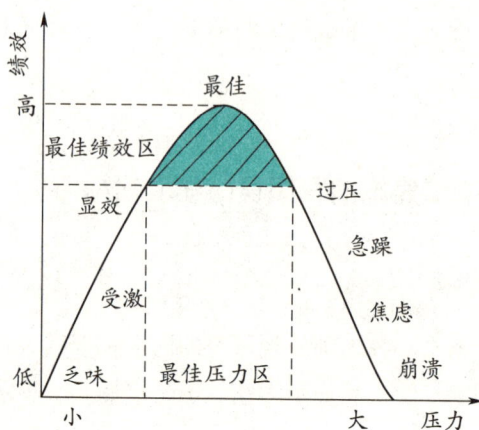

压力与绩效呈倒 U 型关系

压力确实会带来动力，因为适度的焦虑有利于临场发挥，但过度的焦虑会导致记忆提取困难，思维范围狭窄、速度变慢，注意力难以集中等问题，表现出来也就是坐不住、记不起、想不出，这样会导致学习能力和效率的下降，这种下降又会进一步影响孩子的自信，加重焦虑情绪，形成恶性循环。

其实成绩越优秀的孩子，往往考试时对自己的要求越高，压力也就越大。同时因为他们自律性强，或者说自我控制能力强，有时很难被发现，于是家长和老师们又会出现对考试焦虑的第二个误区。

误区二：孩子说了自己状态挺好，就不存在考试焦虑。

考试焦虑就像空气，尽管你看不到它，但它却是存在的，只不过是程度大小不同而已。焦虑是一个中性词，无所谓好坏，关键在于度，关于这一点，我们在前面已经分析过。很多时候，孩子并不承认自己担心考试，因为觉得这样很丢脸。一些平时看起来散漫、不是特别努力的孩子，如果说自己考试紧张，有可能会遭到家长的指责，"哦，现在知道着急了，平时干什么去了？"还有可能受到同伴的嘲笑。平时学习成绩优秀，家长期待和自我期待都很高的孩子，也容易出现考试过度焦虑，因为他们对自己的高期待，所以他们往往不愿意承认自己有考试焦虑。

曾经有个孩子，高中阶段第一次段考发挥失常，父母询问她是不是考试有些紧张，她矢口否认，说自己状态挺好，只是做卷子的时间没分配好。结果，后面一个月的大小考试，她的成绩持续走低，考试前睡不好觉，父母这才警觉是考试状态出了问题。

误区三：我们不在孩子面前提考试，避免刺激，孩子就不会焦虑。

这是很多家长、特别是高三家长的想法和做法。因为担心孩子考试压力大，所以平时几乎不和孩子讨论考试的话题。即使孩子提起自己对考试的担心，家长也会轻描淡写地略过："一次没考好没关系，放轻松，继续努力就好。"

家长对考试很重视，其实孩子心里清楚得很。高三孩子已经懂得为未来担心，你告诉他轻松面对，他其实是做不到的。父母刻意回避考试话题，反而加重了家里的紧张气氛，好像有一个定时炸弹埋在空气里，不知道什么时候被引爆。而且当孩子发现自己无法轻松面对考试时，这很可能使他产生挫败感，觉得自己没用，这时候，又不能和父母谈论自己的感受，硬憋在心里，时间久了，很容易出现情绪低落、无名烦躁、做什么都没耐心的情况。

对于孩子的考试，家长要少评价，尽可能引导孩子去分析考试得失，从知识部分到情绪部分都要分析，总之要帮孩子把注意力集中到"如何考得好"上，而不是"为什么考不好的自我责备"上。

误区四：考试前一个星期再来处理考试焦虑。

这是一个最常见、也是最严重的误区。很多家长在高考前一个星期，要求给孩子做考前心理辅导，当然，辅导会有明显效果，但最佳考试状态调节的时间其实是考试前 3 个月乃至考前半年。处理考试焦虑是考前心理辅导的一部分，消除焦虑不是目的，让孩子从容地应对考试，发挥出应有的水平，才是考前心理辅导的目的，我们经常说的"平常心"就是这个意思。

那怎样才能做到"平常心"呢？关键是"习惯成自然"，而习惯需要长期强化。心理学有个规律叫"21 天形成一个习惯"，这里的习惯是指简单的行为习惯，比如走路先迈左脚、还是先迈右脚。而考试是一个复杂的过程，是观察、注意、记忆、思维、情绪和动作习惯的综合，很多时候还涉及考生的自我认知和评价。我们需要先发现考试状态中存在的问题，再去辅导、改变，最后还需要反复实践去巩固。因此，中、高考考试状态调节开始最佳时间其实是寒假，而不是考前一周，家长要提前为孩子做好准备。

13.2.2　日常生活可以用到的放松练习

想要在大型考试中保持稳定的心态，我们的身体必须处于一种相对放松的状态。长期的紧张会让情绪无法排出，从而引发各种疾病，比如胃溃疡、高血压、冠心病、神经性皮炎等。身体放松后内心才更容易安静下来，心静的状态才更有利于学习。前面介绍过的数呼吸和数心跳练习可以让身心恢复平静，除了这些练习之外，本节还会为大家介绍一种新方法，即通过冥想来使身心得到放松。如果体内有情绪垃圾，那可以先用本节前两个练习来疏通情绪通道，让我们来认识一下这两个练习吧！

方法一 身体聚焦

美国心理学家简德林提出"身体是潜意识的来源"，他在《聚焦心理——生命自觉之道》里提出了"聚焦法"，并且举例说明了不同情况下的具体运用。在实际应用中，我对他的方法进行了简化和修改，并用在学生和家长群体中，表现效果良好。具体操作如下。

1. 给情绪命名

如果你内心有剧烈的情绪，那么先努力克制一下，做几次数呼吸练习（前面有介绍）；然后给情绪取一个名字，越准确越好。比如某一天你接到老师的电话，在电话中老师告诉你孩子在学校闯祸了，这时你用"生气""伤心"或者"吃惊"，就比"不高兴"或者"崩溃"更准确。

2. 情绪聚焦

扫描身体，找到情绪使身体不舒服的部位及具体感觉，比如胸口沉重、喘不过气，也可能是额头疼痛、发胀，还可能是手发麻……每个人不舒服的位置和感觉都不一样，找到你特有的感觉。

3. "松动"情绪

把注意力放在不舒服的部位，做数呼吸练习，一边吸气，一边让情绪对应的身体部位"放松"，随着身体部位慢慢放松下来，身体也慢慢平静下来。

4. 确认

再次扫描并确认不舒服的感觉是否已全部清除？如果是，那么结束练习；如果不是，那么再次回到第三步重新"松动"情绪，直到不舒服的感觉全部清除为止。

方法二　身体沙漏

通过方法一，我们可以比较准确地找到情绪使身体不舒服的具体身体部位，并慢慢"松动"该部位，直到不舒服的感觉全部消除。除了这种方法外，我们在找到不舒服的身体部位后，还可以用身体沙漏来清理情绪垃圾。具体操作方法参见下面内容。

1. 直立、放松

身体直立，双手自然垂在身体两侧，数 10 次呼吸，让身体完全放松下来，特别是因情绪导致的身体不舒服的部位。比如肩膀，长期伏案学习，会积累大脑的紧张，情绪很容易"堵"在那里，要让肩膀完全放松下来。

2. 做沙漏

确定身体完全放松后，把自己的身体当成一个沙漏，沙子从头顶往下落，落到双脚上，最终从脚尖处流出。

3. 确认

反复几次并确认，直到沙子全部漏完为止。

用身体沙漏清理情绪垃圾

大多数孩子和成人可以直接进行身体沙漏练习。完成一次的时间因人而异，一般不超过15分钟。有些情绪问题严重、身体非常僵硬的孩子，他们很难感受到情绪使自己身体不舒服的具体位置，因而沙子流动会非常慢。曾经有一个初二的孩子花了近1小时时间才漏完，他说沙子是粘住的，只能一粒粒往下落。这样的孩子需要认真完成一周数呼吸练习，之后做沙漏才会有效果。

身体沙漏这个练习和本书中其他练习一样，操作很简单，但效果也非常明显。有不好的情绪时，"漏"一"漏"，情绪很快疏通。或者早起时，也可以"漏"一"漏"，会觉得神清气爽。

方法三　冥想放松

我们在风光优美、空气清新的地方总会感觉身心舒畅。日常生活中，我们可以启动自己的表象系统，让自己在想象中到达能让自己放松的地方。具体操作方法如下。

1. 选择一个清静的地方，保证没有他人干扰，也没有嘈杂的声音。坐着、站着均可。

2. 播放一段自己喜爱的轻音乐，带着愉快的心情想象一个轻松愉快的场景。

听着自己的呼吸声，想象着海潮涌动，感受着海的气息，海浪正随着你呼吸的韵律轻柔地拍打着海岸。每一次呼气，海浪都会带走你的紧张……遥望海边的白云，你感到轻松，很轻松，仿佛自己离白云越来越近……越来越近……渐渐地……渐渐地……自己仿佛像一朵白云……慢慢飘起来……飘起来……飘离地面，飘浮在半空。你抱着洁白的云堆，像抱着枕头和棉被，像在做一个美梦，觉得手很轻松，手飘起来了，脚很轻松，脚也飘起来了……

有些人更愿意想象花草、树林或水岸，或者观看热气球慢慢升到蔚蓝的天空，或者回忆自己过去经历过的某些愉快的事，回忆得越具体、越生动越好。例如回忆自己过生日时的情景，爸爸妈妈、亲朋好友都来为你庆祝这一欢乐时光，桌子上摆满美味佳肴，所有这一切都要尽可能回忆得具体一些。大家一起唱起了生日歌，热闹非凡。这种回忆要像放电影一样，一幕接着一幕，生动而且流畅。这些意象都是个人化的，你要努力通过这些意象的回味来放松自己，在大脑中构想出一片宁静的天地。在放松的时候，你仿佛又重新回到了这片天地中。

除了上面这两种较为专业的方法之处，我们还可以听阿尔法波音乐（模拟自然声音的音乐）、大声唱歌、洗热水澡、数呼吸、数心跳或者随手写（把自己脑海里出现的想法全部写在纸上，写完之后撕掉），这些方法都可以帮助我们放松身心。

为什么它们会有效果呢？因为这些方法都会让你从大脑飞速运转中暂时抽身出来，同时，伴随呼吸和肌肉的放松，它们能使大脑分泌多巴胺和内啡肽，即快乐因子，所以放松练习能够帮助我们平衡情绪，平衡状态。除此之外，运动也有同样的效果。一些舒缓的运动，比如瑜伽、太极，同样伴随深呼吸和肌肉的绷紧放松，所以长期做这些运动会让人心境平和。而跑步、打球、游泳这样较为剧烈的运动，也一样会让大脑分泌多巴胺和内啡肽。很多抑郁的人如果每周能够运动三到四次，每次能够持续一个小时左右，那么抑郁症状也会得到一定的缓解。

掌握了放松的基本技术后，你可以尝试不同的放松方法，从中找到适合你的那种。每个人的个性特点不尽相同，适合自己的方法也会有所不同，有的人发现听音乐放松十分有效，而另外一些富于想象力的人则会发现冥想放松法更适合他们。

方法总结　日常生活中的放松练习

1. 情绪聚焦关键在于对情绪的觉察和感知，它适用于每次出现小情绪的时候。

2. 身体沙漏可用于长久积累的情绪压力。你找一个安静的环境，利用一段完整的时间，用身体沙漏静静地将情绪垃圾清理出去。

3. 冥想训练可以在睡前进行，可以配合网络上的冥想练习音频进行，它可以让你慢慢进入甜睡中。

13.3　用积极想象调整考试状态

上一节介绍的放松练习可以用于平时。如果离考试只有一两周时间了，也就是说如果遇上紧急情况，我们该怎么办呢？可以用专业的心理方法来调整考试状态。为了便于理解，我还是用一个案例来进行说明。

13.3.1　案例背景分析

王伟，男，五年级学生。妈妈反映孩子粗心，经常看错小数点，分数计算也总出错。考试前还会头疼，睡不着。平时成绩在班级处于中下水平。

妈妈之前对孩子很严厉，导致亲子关系不好，也带孩子找过心理老师，上过注意力训练班，也一直补课，但效果还是不明显。离考试还有五天，我和王伟来了一次音频辅导。

一开始，我把辅导目标定为解决考试焦虑上。毕竟离考试只有五天，孩子也已经五年级了，要解决数学的计算粗心问题，不管是通过直觉化训练激活知识镜像，还是通过提高视觉稳定性来减少看错题的情况，时间上都来不及了。和孩子沟通后，孩子明确要求解决粗心问题，于是我们把解决粗心作为本次辅导的目标。

粗心和视觉表象有关，也和知识镜像的准确性有关，还和情绪状态有关。情绪状态不仅表现为考试焦虑、头疼，也会表现为粗心马虎。试想，你在心情很差的时候，是不是也很容易丢三落四？我们平时习惯性认为情绪和想法有关，所以当孩子生气难过时，会一直给孩子讲道理，想通过这种方式来缓解情绪，这确实是一种疏通情绪的方法。除此之外，情绪还和身体的内部感觉密切相关，比如有些人一生气就胃疼，一发火就感觉胸口堵得慌等。鉴于本次辅导属于考前紧急干预，所以最终决定从身体的感觉记忆着手来解决问题。

13.3.2　辅导过程

案例中的情况比较紧急，只有五天就要考试了，这时要解决粗心问题，就必须启动"紧急学习"模式了。具体怎么做呢？

一、帮孩子觉察"粗心"时的身体感受

请孩子回忆自己最近的一次"粗心"经历，孩子说是前不久的一次解方程练习。接着用时间线帮孩子回到解方程的时间点，让孩子重温当时的身体感觉和心理感受。孩子说，当时自己"胸口像被刀割"，手也"发软"，右边脑袋"很疼"，"算出来的答案全部忘记了"。孩子当时也意识到了自己很紧张，就不停地和自己说"不要紧张"，结果还是和以前一样，前面一半没错，而后面一半全部写错了。

二、帮孩子觉察"细心"时的身体感受

找出了粗心的感受，接着找细心的感受。孩子想到了某次在辅导机构做复习卷。这次记忆调动很快，迅速在时间线上找到了对应的点。

孩子这样说道："想到妈妈表扬我，胸口松松的，像是睡在云上。肩膀后面发热，右手手腕也发热，脑子里的相关知识一点点出来了，题目的解题思路也一步步想出来了。"

三、帮孩子强化"细心"时的身体感受

再粗心的孩子也有细心的时候，只是他不能把细心的身体感受习惯化，这就是咨询师要做的工作了。通过音频对话，指导孩子将细心时的身体感受重新再现一遍，孩子说"肩膀热的感觉就像泡在热水"里，于是让孩子想象自己睡在云上、肩膀泡在热水里，找到胸口松、肩膀发热的感觉。等孩子可以感觉到后，再引导孩子找到右手腕发热的感觉，这时孩子说"想做题"。连续完成三次，直到孩子非常熟悉"细心"的身体感觉为止。

四、积极想象、考试预演

既然孩子已经可以"细心"了，那么接下来就是考试演练了。

这个考试场景是在时间线上设立的考试场景，如何设立呢？首先让孩子在时间线上找到考试的时间点，然后在时间点内创设考试时自己细心的场景。创设完成后，基本目标已经达成，再对孩子的负面暗示"不要紧张"进行修改，并进行几次强化。

至此，本次辅导完成。细心的读者也许已经发现了，本次辅导虽然是以解决粗心为目标，但同时却把考试焦虑的问题也一并解决了。一周后，我对家长进行了回访，孩子期末考试两科都考出了学期最好成绩。

13.3.3　用积极想象调整考试状态的具体方法

前面两节为大家介绍了考前心理状态调整的具体案例及辅导过程，本节我们把相应的方法再梳理一遍。具体有两种方法：自我想象法和预设场景法。

方法一　自我想象法

第一步，查找焦虑点。

考试中可能引起焦虑的因素有很多，需要一个个地消除。如果孩子很清楚自己考试时的各种感受，可以直接让孩子说出来。但绝大部分人在非常焦虑的时候，自我觉察能力比较低下，很难注意到自己的各种感受。

怎么办呢？我们可以对照下面的检测表，一条条去检测孩子的考试状态。注意，不是让孩子看，也不是读给孩子听，是让孩子想象出每一条对应的场景，然后打分。

填表说明：按焦虑程度对每一条内容进行打分，每一条满分分值为

10分。最低0分，表示一点也不会引起你的焦虑；最高10分，表示焦虑无法忍受。

考试焦虑点自测表

考试前		
序号	场景	分值
1	老师宣布还有多久要考试	
2	家长或老师鼓励：好好考，认真点、别马虎等	
3	考试前一个月、一周、三天，学不进，睡不好	
4	同学讨论考试：这道题可能会考，这次肯定考不好，复习不完……	
5	做到考试的重点题型	
6	考前一天失眠、吃不下饭	
7	准备考试当天的准考证、文具等用品	
8	在去考场的路上堵车	
9	天气不好，下雨	
10	进门前安检的声音	

考试中		
序号	场景	分值
1	走进考场的一瞬间	
2	坐在座位上等待，监考老师拿着卷子走进来，宣读考试纪律	
3	发卷子，发现第一道题不会做	
4	涂卡，监考老师核对信息	
5	周围人的小动作：摁笔声、感冒时发出的声音等	
6	别人先翻了卷子	
7	老师坐在旁边或从身边走过	
8	考场外噪声不断	

考试中		
序号	场景	分值
9	遇到难题，想了一会儿还是没想出答案	
10	监考老师的讲话声、脚步声	
11	答不完卷	
12	马上交卷了，发现答题卡涂错或计算错误	
13	老师提醒时间，距离考试结束还有……	

考试后		
序号	场景	分值
1	走出考场	
2	听同学讨论答案时，自己的答案与同学不一样	
3	回想哪道题不会写或不确定	
4	感觉这科没答好，影响下一科考试	
5	从网上查答案	
6	家长问考得怎么样	
7	查看成绩单或排名	

第二步，找到高于 4 分的点和孩子对应的身体感受，越具体清晰越好，具体到身体部位和具体的感受。比如：看到第一题不会做，胸口左侧发热、有压迫感、心跳非常快。

第三步，找到心情放松时的场景和身体感受。比如，某次考试所有的题目都会做，感觉胸口舒畅、手心发热。

第四步，积极冥想、时间线预演。把第三步找到的身体感受和具体的场景结合起来，用时间线进行预演。比如想象自己"看到第一题不会做"，但"仍然胸口舒畅，手心发热"，然后带着这种感觉去做其他题目，直到积极的感觉被"固定"在身体里。

方法二　预设场景法

没有专业人员协助，家长可能没办法让孩子找到自己良好的状态。这时，可以试着预设积极的场景，然后用语言转化成"程序"，"输入"到孩子大脑中。比如可以预设下面这些场景。

一、考试前的心理调节

提前 15 分钟进入考场，看一看教室四周，熟悉一下环境。

坐在座位上等待发卷的时间里，可以闭上眼睛给自己做个小放松——深呼吸配合肌肉绷紧放松，调整自己，使身体和大脑慢慢放松下来。

给自己积极暗示，想象过一会儿试卷发下来以后自己专注、投入、高效地答题。相信自己可以发挥出最好的水平。

二、考试过程中的心理调节

1. 认真揣摩题意，明确题目要求。

2. 对容易的题要仔细考虑是否有迷惑因素。

3. 对难题、生题要注意冷静分析，特别是重点分析题目给出的条件和相关知识间的关系。

4. 认真检查，要检查涂卡、试卷要求、解题步骤、答题结果。

在答题过程中，如果感觉自己的答题状态受到了周围的干扰，或是由于遇到思路不顺畅的题有些情绪波动，都要及时通过深呼吸、肌肉绷紧放松稳定情绪。和专注答题无关的，比如同学翻卷的声音、监考老师查考试信息等，都不去理会。想不出来的题目果断跳过，保证把会做的题做对。

三、考试结束后的心理调节

交卷后走出考场，无论是同学们讨论答案或是家人询问考试情况，都要及时通过深呼吸、肌肉绷紧放松调节自己，以保持情绪稳定。考完一科放下一科，不管自己发挥如何，集中精力投入下一科考试。

在具体操作过程中，需要根据孩子的语言习惯对上述文字进行修改，然后孩子进行肌肉放松，同时家长用柔和平缓的声音慢慢地把预设场景读出来，孩子伴随语言想象场景。想象完之后要问下孩子场景中的细节，以此确定预设场景已全部"输入"大脑。

图书在版编目（CIP）数据

唤醒学习力：让孩子成绩稳步提升的45个能力训练法/方颖
著.—北京：中国铁道出版社有限公司，2021.6
ISBN 978-7-113-27205-0

I.①唤…　Ⅱ.①方…　Ⅲ.①学习方法　Ⅳ.①G791

中国版本图书馆CIP数据核字（2021）第064137号

书　　名：唤醒学习力：让孩子成绩稳步提升的45个能力训练法
作　　者：方　颖

责任编辑：陈晓钟　　　　读者热线：（010）51873038
封面设计：闰江文化
责任校对：焦桂荣
责任印制：赵星辰

出版发行：中国铁道出版社有限公司(100054，北京市西城区右安门西街8号)
印　　刷：中煤（北京）印务有限公司
版　　次：2021年6月第1版　2021年6月第1次印刷
开　　本：880 mm×1 230 mm　1/32　印张：9.125　字数：200 千
书　　号：ISBN 978-7-113-27205-0
定　　价：62.00 元